2024
国企改革发展关键问题分析报告

——中央企业价值创造能力提升关键问题研究

国网能源研究院有限公司　编著

图书在版编目（CIP）数据

国企改革发展关键问题分析报告. 2024：中央企业
价值创造能力提升关键问题研究 / 国网能源研究院有限
公司编著. -- 北京：中国电力出版社，2025. 6.
ISBN 978-7-5198-9893-9

Ⅰ. F279.241

中国国家版本馆 CIP 数据核字第 2025DZ0819 号

出版发行：中国电力出版社
地　　址：北京市东城区北京站西街 19 号（邮政编码 100005）
网　　址：http://www.cepp.sgcc.com.cn
责任编辑：娄雪芳（010-63412375）
责任校对：黄　蓓　李　楠
装帧设计：赵姗姗
责任印制：吴　迪
印　　刷：北京瑞禾彩色印刷有限公司
版　　次：2025 年 6 月第一版
印　　次：2025 年 6 月北京第一次印刷
开　　本：787 毫米 × 1092 毫米　16 开本
印　　张：4.75
字　　数：68 千字
印　　数：0001—1500 册
定　　价：108.00 元

声　　明

　　一、本报告著作权归国网能源研究院有限公司单独所有。如基于商业目的需要使用本报告中的信息（包括报告全部或部分内容），应经书面许可。

　　二、本报告中部分文字和数据采集于公开信息，相关权利为原著者所有，如对相关文献和信息的解读有不足、不妥或理解错误之处，敬请原著者随时指正。

前　言

　　2024 年是中华人民共和国成立 75 周年，是实现"十四五"规划目标任务的关键一年，也是党的二十届三中全会召开之年，中央企业的改革发展迎来一系列重要变化。在历史阶段上，2024 年要紧扣推进中国式现代化主题，进一步全面深化改革，开启下一个改革新周期；在理论指导上，中央提出要以新的生产力理论指导高质量发展实践，国企改革将重点围绕加快培育和发展新质生产力纵深推进；在重点任务上，2024 年是国企改革深化提升行动落地实施的关键之年、攻坚之年，各央企要力争完成 70% 以上主体任务；在落实落地上，国务院国资委召开中央企业负责人会议，提出要增强价值创造能力，实现"六个着力"的目标。面对新形势新任务，中央企业要聚焦增强核心功能、提高核心竞争力，加快提升价值创造能力，加快建设世界一流企业，充分发挥科技创新、产业控制和安全支撑作用。鉴于上述情况，加强国企改革研究，可为新阶段国企改革发展工作提供重要参考。

　　《国企改革发展关键问题分析报告》是国网能源研究院有限公司 2024 年度系列分析报告之一。自 2010 年以来已经连续出版了 14 年，今年是第 15 年。本报告牢牢把握高质量发展这个本质要求，在进一步全面深化改革和深入实施国企改革深化提升行动的历史背景下，贯通发展新质生产力和提升价值创造能力的要求，紧扣"形势要求—关键问题—任务举措"逻辑主线，全面研判中央企业改革发展新形势新要求，围绕加快发展新质生产力和建立新型生产关系两大方面，提出提升中央企业价值创造能力的关键问题和重点举措，为新阶段更好推动中央企业改革发展，促进中央企业在中国式现代化新征程中发挥"主力军""排头兵"作用提供参考。

　　本报告共分为 4 章。第 1 章主要研判中央企业改革发展新形势新要求；第

2 章分析中央企业改革发展的关键问题；第 3 章分析以新质生产力驱动中央企业价值创造能力提升的关键问题；第 4 章分析以新型生产关系保障中央企业价值创造能力提升的关键问题。

　　限于作者水平，虽然对书稿进行了反复研究推敲，但难免仍会存在疏漏与不足之处，期待读者批评指正！

编著者

2024 年 12 月

目　录

概　　论

　　2024年，国企改革深化提升行动行至中盘，党的二十届三中全会、中央经济工作会议等对国资国企改革提出新要求。本报告锚定中央企业改革发展新形势，把以新质生产力驱动中央企业价值创造能力提升、以新型生产关系保障中央企业价值创造能力提升作为逻辑主线，为推动中央企业高质量发展提出相关举措建议。本报告包括四个部分：一是分析中央企业改革发展新形势，从进一步全面深化改革、加快培育和发展新质生产力、深入实施国企改革深化提升行动、提升中央企业价值创造能力等方面提出对中央企业的新要求；二是构建以"新质生产力－新型生产关系"为框架的中央企业价值创造能力提升机制过程模型，遴选和确定中央企业改革发展的六个关键问题；三是从攻关原创技术、培育发展未来产业、加快绿色低碳转型等三个方面，提出以新质生产力驱动中央企业价值创造能力的举措建议；四是从强化商业模式创新、深化专业化整合、构建新型经营责任制等三个方面，提出以新型生产关系保障中央企业价值创造能力提升的举措建议。

　　本报告的主要结论和观点如下：

　　1. 中央企业改革发展新形势新要求

　　（1）进一步全面深化改革方面。进一步全面深化改革目的是分阶段分步骤推进国家治理体系和治理能力现代化，强调用好"六个坚持"的宝贵经验，体现"三个更加注重"的要求，部署十四个方面重点改革任务，对深化国资国企改革作出新的部署。

　　（2）加快培育和发展新质生产力方面。要以新的生产力理论指导高质量发展，将培育和发展新质生产力作为推动高质量发展的内在要求和重要着力点；健全因地制宜发展新质生产力体制机制；突出科技创新的主导作用，加快形成发展新质生产力的核心驱动力；把握以科技创新推动产业创新的基本路径，培育壮大战略性新兴产业和未来产业；加快发展绿色生产力，推动发展方式绿色低碳转型；把人才作为发展新质生产力的基础支撑，加快培育新型劳动者队伍；进一步全面深化改革，加快构建新型生产关系。

（3）实施国企改革深化提升行动方面。中央要求深入实施国有企业改革深化提升行动，增强核心功能、提高核心竞争力；国务院国资委明确提出 2024 年国企改革深化提升行动的目标要求，全力推进各项改革任务落实落地，强调要求按照发展新质生产力等要求深入实施国企改革深化提升行动。

（4）提升中央企业价值创造能力方面。国务院国资委提出，2024 年要推动国有资本实现"三个集中"（推动国有资本向关系国家安全、国民经济命脉的重要行业和关键领域集中，向关系国计民生的公共服务、应急能力、公益性领域等集中，向前瞻性战略性新兴产业集中），注重提升"五方面价值"（增加值、功能价值、经济增加值、战略性新兴产业收入和增加值占比、品牌价值），突出抓好"六个着力"（着力提高质量效益、着力加大科技创新工作力度、着力推进布局优化结构调整、着力深化国资国企改革、着力增强战略支撑托底能力、着力防范化解重大风险），加快建设现代化产业体系、实现高质量发展，更好发挥科技创新、产业控制、安全支撑作用。

2. 中央企业改革发展关键问题研究

（1）中央企业改革发展的关键问题研究分析框架。研究指出发展新质生产力、构建新型生产关系是提升中央企业改革发展质量的重要出发点，提升中央企业价值创造能力是落实中央关于发展新质生产力、构建新型生产关系决策部署的重要着力点，并构建了以"两新"为框架的中央企业价值创造能力提升机制过程模型。

（2）提升中央企业价值创造动力关键问题研究。应聚焦"源动力"，把推进中央企业原创技术攻关作为价值创造的重要起点；聚焦"新动力"，把培育和发展未来产业作为挖掘中央企业价值创造"潜在能力"的重要任务；聚焦"绿动力"，把"加快绿色低碳转型"作为催生中央企业价值创造"绿色动力"的关键议题。

（3）强化中央企业价值创造保障关键问题研究。应聚焦"战略层"，把"强化商业模式创新"作为提升中央企业价值创造能力的"底层逻辑"；聚焦"业务层"，深化专业化整合，进一步增强企业业务协同度、提升整体资源配置效率、增强核心竞争力；聚焦"机制层"，构建新型经营责任制，推动国有企业真正按市场化运营、激发内生活力动力。

3. 以新质生产力驱动中央企业价值创造能力提升

（1）攻关原创技术。政策方面，强调注重需求牵引，加强对前沿技术和颠覆性技术的布局，通过建设原创技术策源地组织原创技术攻关。问题方面，包括原创技术攻关意识不足、预见能力不足、攻关组织效率效果不高，以及原创技术布局有待优化、成果转化不足等。典型经验方面，包括通过激励增强原创技术意识，系统布局原创技术攻关，加快产学研用深度融合，加强原创技术生态环境培育，多方面促进原创技术攻关成果转化。相关建议方面，在原创技术攻关意识与预见上，完善长期导向、应用导向的考核机制，强化前瞻性应用基础研究；在原创技术攻关布局上，构建原创技术分析与预测机制，发挥原创技术策源地作用；针对原创技术攻关能力与组织，持续加大应用基础研究投入，完善投入计划机制，构建任务型、系统化的创新联合体，探索"揭榜挂帅"等灵活机制，优化攻关组织模式。原创技术攻关成果转化上，要加强政策配套，强化激励保障，实现供需有效对接。

（2）培育发展未来产业。政策方面，强调划定未来产业发展的重点领域，加强关键技术研发创新，培育产业发展引领主体，推动场景转化应用。问题方面，包括定位、跟进未来产业发展方向的能力不足，产业和业务布局偏重偏旧有空白，产业发展主体之间的协同不够，高端人才当量和激励机制不足，缺乏未来产业发展需要的容错机制，考核机制不适合未来产业属性。典型经验方面，加大力度，推动关键技术突破，培育产业发展主体，促进关键场景落地，营造开放合作环境。相关建议方面，围绕优化未来产业业务布局，加强未来产业涌现重点领域的辨识能力，加大未来产业投资力度，设立专门外部投资基金；围绕促进未来产业关键技术应用转化，加强关键技术研发，开展广泛协同创新，发挥应用场景的关键牵引作用；围绕完善未来产业发展配套体制机制，建立适应未来产业发展的容错机制，加大对未来产业发展需要的关键人才的激励。

（3）加快绿色低碳转型。政策方面，强调强化制度引领，突出重点领域，加强统筹管理，积极推动绿色低碳科技创新，加大清洁能源开发力度，加强碳市场和碳资产管理。问题方面，能源资源利用效率不高，生态环境治理成效尚不稳固，绿色技术总体水平不高，推动绿色发展的政策制度有待完善，碳市场和碳资产管理不足，企业绿色低碳转型的意识和能力不足。典型经验方面，强化绿色低碳转型顶层设计，坚持战略布局科学谋划节能降碳，加快绿色技术创新，加大清洁能源开发力度，加强碳市场碳资产管理，加强国际合作与技术引进。相关建议方面，通过自上而下研究制定企业双碳行动方案、考核方案和组织保障，加快推动企业落实"双碳"目标实施方案落地；加快传统产业绿色升级，加快发展新兴产业，推动产业结构绿色转型；加大研发投入，促进科技成果转化，增强绿色低碳科技创新能力；积极利用市场化手段持续推进碳减排，加强政策支持和宣传引导。

4. 以新型生产关系保障中央企业价值创造能力提升

（1）强化商业模式创新。政策方面，加快推动企业科技创新，支持鼓励发展绿色经济，加快人工智能高水平应用，积极探索新型盈利模式和市场运营机制。问题方面，包括创新能力不足，混合所有制改革面临新的挑战，经营效率有较大提升空间，绿色转型持续承压。典型经验方面，开展可持续商业模式创新，为利益相关方创造环境和社会效益；以价值创造为导向，建立商业创新专门机构，探索多业务类型商业模式创新模式；以科技创新为核心驱动力，推动商业模式创新，促进企业转型发展。相关建议方面，通过加大科技创新投入、加强国际合作、建立鼓励内部创新的文化、开展人才体系创新等，强化科技创新驱动作用；成立专门的创新机构、建立跨行业合作平台、利用科技发展新业务模型；完善商业模式创新扶持政策，包括制定专项支持政策，建立风险共担机制和强化知识产权保护。

（2）**深化专业化整合**。政策方面，整合目标呈现出阶段性、层次性、时限性三个特征，整合重心紧紧围绕强强核心功能、提高核心竞争力和发挥科技创新、产业控制、安全支撑作用，整合方向聚焦服务国家重大战略、保障基础资源能源、提升企业国际竞争力三大方向，整合范围呈现出跨企业、跨区域、跨所有制整合的趋势，整合方式方法更加突出差异化、精准化、组合化和创新化。问题方面，部分企业核心功能仍不清晰，部分企业主责主业仍不突出，部分企业产业布局过宽过长，国家战略支撑作用有待进一步增强。典型经验方面，聚合同类或同质业务和环节，串联强关联性业务或产业链上下游业务，整合同一区域内业务或职能，融合多要素升级多链条。相关建议方面，优选整合主体，提升专业化整合质效；坚持市场导向，更加注重以市场化方式方法推进整合；强化风险管理，稳妥深化专业化整合。

（3）**构建新型经营责任制**。政策方面，国企改革 1+N 政策体系提出逐步推行经理层成员任期制和契约化管理，国企改革三年行动方案要求全面推进，"双百""科改"文件系统界定其概念、原则和操作要求，国企改革深化提升行动方案提出全面构建新型经营责任制。问题方面，契约签订质量不高，绩效考核体系还需要进一步优化和完善，未能落实董事会对经理层的有效管理权，综合考核与经营业绩考核的双重评价体系还需有机协调。典型经验方面，坚持战略导向，将战略要求纳入各层级企业业绩考核指标体系；突出价值创造，持续健全业绩考核体系；坚持责权统一，加快向董事会和经理层授权；突出强关联、强牵引，持续完善薪酬激励机制；强化经理层成员刚性退出。相关建议方面，建立战略导向的经营绩效指标体系，赋予总经理经理层成员选聘相关权力，有机贯通经营业绩考核和综合考核两套评价体系，建立健全刚性兑现制度。

（撰写人：张新圣　审核人：肖汉雄）

1

中央企业改革发展
新形势新要求

1.1　进一步全面深化改革

习近平总书记指出，推进中国式现代化，必须进一步全面深化改革开放，不断解放和发展社会生产力、解放和增强社会活力。2023 年 4 月 21 日，习近平总书记在二十届中央全面深化改革委员会第一次会议上强调，要把全面深化改革作为推进中国式现代化的根本动力，作为稳大局、应变局、开新局的重要抓手。2023 年底召开的中央经济工作会议把"深化重点领域改革"作为 2024 年经济工作的重点任务，提出要谋划进一步全面深化改革重大举措。2024 年 4 月、5 月、6 月，习近平总书记主持召开两次中共中央政治局会议以及企业和专家座谈会，提出要重点研究进一步全面深化改革、推进中国式现代化问题，为中国式现代化建设持续注入强大动力。

党的二十届三中全会是在以中国式现代化全面推进强国建设、民族复兴伟业的关键时期召开的一次十分重要的会议，《中共中央关于进一步全面深化改革、推进中国式现代化的决定》是新时代新征程上推动全面深化改革向广度和深度进军的总动员、总部署。

一是进一步全面深化改革目的是分阶段分步骤推进国家治理体系和治理能力现代化。2024 年 5 月 23 日，习近平总书记在山东省济南市主持召开企业和专家座谈会时强调，进一步全面深化改革，要锚定完善和发展中国特色社会主义制度、推进国家治理体系和治理能力现代化这个总目标。2024 年 6 月 28 日，中共中央政治局召开会议，提出进一步全面深化改革的总目标是继续完善和发展中国特色社会主义制度，推进国家治理体系和治理能力现代化。到二〇三五年，全面建成高水平社会主义市场经济体制，中国特色社会主义制度更加完善，基本实现国家治理体系和治理能力现代化，基本实现社会主义现代化，为到 21 世纪中叶全面建成社会主义现代化强国奠定坚实基础。

二是进一步全面深化改革要用好"六个坚持"的宝贵经验。2024 年 6 月 28

日，中共中央政治局召开会议，提出进一步全面深化改革要总结和运用改革开放以来特别是新时代全面深化改革的宝贵经验，即要坚持党的全面领导、坚持以人民为中心、坚持守正创新、坚持以制度建设为主线、坚持全面依法治国、坚持系统观念，持续增强改革系统性、整体性、协同性。

三是明确提出进一步全面深化改革"三个更加注重"（更加注重系统集成、更加注重突出重点、更加注重改革实效）**的具体要求。**2024年4月30日，中共中央政治局召开会议提出，进一步全面深化改革要以经济体制改革为牵引，以促进社会公平正义、增进人民福祉为出发点和落脚点，更加注重系统集成，更加注重突出重点，更加注重改革实效，推动生产关系和生产力、上层建筑和经济基础、国家治理和社会发展更好相适应，为中国式现代化提供强大动力和制度保障。

四是系统部署了十四个方面重点改革任务。提出构建高水平社会主义市场经济体制，健全推动经济高质量发展体制机制，构建支持全面创新体制机制，健全宏观经济治理体系，完善城乡融合发展体制机制，完善高水平对外开放体制机制，健全全过程人民民主制度体系，完善中国特色社会主义法治体系，深化文化体制机制改革，健全保障和改善民生制度体系，深化生态文明体制改革，推进国家安全体系和能力现代化，持续深化国防和军队改革，提高党对进一步全面深化改革、推进中国式现代化的领导水平。

五是提出深化国资国企改革具体要求。总目标方面，推动国有资本和国有企业做强做优做大，增强核心功能，提升核心竞争力。**宏观层面，**完善管理监督体制机制，增强各有关管理部门战略协同，推进国有经济布局优化和结构调整；推动国有资本向关系国家安全、国民经济命脉的重要行业和关键领域集中，向关系国计民生的公共服务、应急能力、公益性领域等集中，向前瞻性战略性新兴产业集中。**中观层面，**进一步明晰不同类型国有企业功能定位，完善主责主业管理，明确国有资本重点投资领域和方向；深化国有资本投资、运营公司改革；建立国有企业履行战略使命评价制度，完善国有企业分类考核评价体系，开展国有经济增加值核算；推进能源、铁路、电信、水利、公用事业等行业自然垄断环节独立运营和竞争性环节市场化改革，健全监管体制机制。**微观层面，**完善中国特色现代企业制度，弘扬企业家精神，支持和引导各类企业提高资源要素利用效率和经营管理水平、履行社会责任，加快建设更多世界一流企业。**动力层面，**健全国有企业推进原始创新制度安排；允许更多符合条件的国有企业以创新创造为导向，在科研人员中开展多种形式中长期激励；深化国有企业工资决定机制改革，合理确定并严格规范国有企业各级负责人薪酬、津贴补贴等。

中央企业作为国家治理体系和治理能力现代化的重要支柱和依靠力量，要紧紧围绕进一步全面深化改革的总目标，提高政治站位，挺起责任担当，坚持党对国有企业的领导，用足用好国企改革的宝贵经验，持续深化改革，把提高国有企业治理体系和治理能力现代化水平作为重要目标，持续完善科技治理体系、产业治理体系、中国特色现代企业制度、市场化经营机制等，为中央企业发挥"三个作用"提供重要支撑。

1.2　加快培育和发展新质生产力

新质生产力的本质是通过技术创新和产业创新发展产生的先进生产力，具备高质量与高效能的特征，能够显著提高全要素生产率，标志着社会生产力的巨大进步。党中央、国务院高度重视加快培育和发展新质生产力，立足中国实际，把握世界大势，顺应时代潮流，对发展新质生产力作出新部署、提出新要求，具有重大现实意义和深远历史意义。

一是要以新的生产力理论来指导高质量发展，将培育和发展新质生产力作为推动高质量发展的内在要求和重要着力点。2023 年 9 月，习近平总书记在黑龙江考察调研期间首次提出"新质生产力"这一概念。2023 年 12 月，中央经济工作会议明确提出，要以科技创新推动产业创新，特别是以颠覆性技术和前沿技术催生新产业、新模式、新动能，发展新质生产力。2024 年 1 月 31 日，在中共中央政治局第十一次集体学习时，习近平总书记强调："新质生产力已经在实践中形成并展示出对高质量发展的强劲推动力、支撑力""必须继续做好创新这篇大文章，推动新质生产力加快发展"。2024年2月29日，中共中央政治局召开会议，指出"要大力推进现代化产业体系建设，加快发展新质生产力。"《2024年国务院政府工作报告》再次提出加快发展新质生产力，"充分发挥创新主导作用，以科技创新推动产业创新，加快推进新型工业化，提高全要素生产率，不断塑造发展新动能新优势，促进社会生产力实现新的跃升。"2024年3月5日，习近平总书记参加他所在的十四届全国人大二次会议江苏代表团审议时，强调要牢牢把握高质量发展这个首要任务，因地制宜发展新质生产力。当前，就要通过加快发展新质生产力，推动实现高质量发展，有力支撑社会主义现代化国家建设。

二是突出科技创新的主导作用，加快形成发展新质生产力的核心驱动力。新质生产力依靠科技创新驱动，通常表现为更高的效率、更好的质量、更强的创新能力和更符合高质量发展要求的生产方式，它以高科技、高效能、高质量为特征。习近平总书记指出，科技创新能够催生新产业、新模式、新动能，是发展新质生产力的核心要素。必须加强科技创新特别是原创性、颠覆性科技创新，加快实现高水平科技自立自强。要坚持"四个面向"（面向世界科技前沿、面向经济主战场、面向国家重大需求、面向人民生命健康），强化国家战略科技力量，有组织推进战略导向的原创性、基础性研究。要聚焦国家战略和经济社会发展现实需要，以关键共性技术、前沿引领技术、现代工程技术、颠覆性技术创新为突破口，充分发挥新型举国体制优势，打好关键核心技术攻坚战，使原创性、颠覆性科技创新成果竞相涌现，培育发展新质生产力的新动能。同时，畅通科技成果转移转化产业化渠道，加快形成现实生产力。

三是把握以科技创新推动产业创新的基本路径，培育壮大战略性新兴产业和未来产业。新质生产力的形成就是从科学发现、技术发明到新产业、新模式、新动能的生成。要及时将科技创新成果应用到具体产业和产业链上，改造提升传统产业，培育壮大新兴产业，布局建设未来产业，完善现代化产业体系。要围绕发展新质生产力布局产业链，推动短板产业补链、优势产业延链、传统产业升链、新兴产业建链，提升产业链供应链韧性和安全水平，保证产业体系自主可控、安全可靠。要围绕推进新型工业化和加快建设制造强国、质量强国、网络强国、数字中国等战略任务，科学布局科技创新、产业创新。要大力发展数字经济，促进数字经济和实体经济深度融合，打造具有国际竞争力的数字产业集群。

四是加快发展绿色生产力，推动发展方式绿色低碳转型。新质生产力是以创新为主导、符合新发展理念的先进生产力。新质生产力既遵循生产力发展规律，又遵循自然规律。绿色发展是高质量发展的底色，新质生产力本身就是绿色生产力，发展新质生产力客观上就是在发展绿色生产力。要不断用生态"含绿量"提升发展"含金量"，为高质量发展注入新动能、塑造新优势。加快发展方式绿色转型，助力碳达峰碳中和。要牢固树立和践行绿水青山就是金山银山的理念，坚定不移走生态优先、绿色发展之路。加快绿色科技创新和先进绿色技术推广应用，做强绿色制造业，发展绿色服务业，壮大绿色能源产业，发展绿色低碳产业和供应链，构建绿色低碳循环经济体系。

五是把人才作为发展新质生产力的基础支撑，加快培育新型劳动者队伍。新质生产力是创新起主导作用的先进生产力质态，创新驱动本质上是人才驱动，培育壮大新质生产力归根到底还是要依靠人才、依赖于人才的创新能力。新质生产力发展要求解放人才这一根本生产力。要畅通教育、科技、人才的良性循环，完善人才培养、引进、使用、合理流动的工作机制。要根据科技发展新趋势，优化学科设置、人才培养模式，为发展新质生产力、推动高质量发展培养急需人才。要着力培养造就战略科学家、一流科技领军人才和创新团队，着力培养造就卓越工程师、大国工匠，加强劳动者技能培训，不断提高各类人才素质。要健全要素参与收入分配机制，激发劳动、知识、技术、管理、资本和数据等生产要素活力，更好体现知识、技术、人才的市场价值，营造鼓励创新、宽容失败的良好氛围。

六是通过进一步全面深化改革，加快构建适应新质生产力发展的新型生产关系。新质生产力作为一种新的生产力质态的形成和发展，必然导致现代社会生产关系的变革。习近平总书记在中共中央政治局第十一次集体学习时强调："发展新质生产力，必须进一步全面深化改革，形成与之相适应的新型生产关系。要深化经济体制、科技体制等改革，着力打通束缚新质生产力发展的堵点卡点，建立高标准市场体系，创新生产要素配置方式，让各类先进优质生产要素向发展新质生产力顺畅流动。同时，要扩大高水平对外开放，为发展新质生产力营造良好国际环境。"要加快推动产业组织和产业形态变革调整，依托生产要素的自由流动、协同共享和高效利用，推动生产组织方式向平台化、网络化和生态化转型，不断提升生产要素组合效率，提高全要素生产率。

中央企业要将培育和发展新质生产力作为推动高质量发展的内在要求和重要着力点，紧紧围绕增强核心功能、提高核心竞争力，进一步优化新质生产力布局，把科技创新放在突出位置，加快原创性、颠覆性科技创新，着力突破关键核心技术；以加快推进传统产业改造升级，前瞻布局未来产业，抢滩占先战略性新兴产业为途径，不断催生新产业新业态新模式；进一步全面深化改革，加快构建新型生产关系，着力打造发展方式新、公司治理新、经营机制新、布局结构新的现代新国企，有效打通束缚新质生产力发展的堵点卡点。

1.3 实施国企改革深化提升行动

实施国有企业改革深化提升行动，是党中央面向新时代新征程作出的一项全局性、战略性重大决策部署。要围绕国之所需，以服务国家战略为导向，扎实推进国企改革深化提升行动，坚定不移做强做优做大国有企业，切实发挥国有经济主导作用。

一是中央对国企改革深化提升行动进一步作出决策部署。2023 年 12 月 11

日至 12 日，习近平总书记在中央经济工作会议上提出，要深入实施国有企业改革深化提升行动，增强核心功能、提高核心竞争力。2023 年 11 月 14 日至 16 日，李强总理在黑龙江、吉林调研时主持召开国有企业改革发展座谈会指出，要深刻认识新时代新征程国有企业肩负的重要使命，充分发挥科技创新、产业控制和安全支撑作用，在改革创新中做强做优做大国有企业。2024 年 1 月 13 日至 15 日，张国清副总理在山东调研时强调，国有企业要聚焦高质量发展首要任务，紧紧围绕增强核心功能、提升核心竞争力，加快推动国企改革深化提升行动各项任务落实落地，健全中国特色国有企业现代公司治理和市场化经营机制，激发企业发展动力活力，做强做优主业。

二是国务院国资委明确提出 2024 年国企改革深化提升行动的目标要求。2023 年 12 月 25 日至 26 日，国务院国资委召开中央企业负责人会议，强调 2024 年是国企改革深化提升行动落地实施的关键之年，也是承上启下的攻坚之年，各央企要深入推动实施，统筹安排进度，在重点难点任务上务求突破，力争完成 70% 以上主体任务。2024 年 2 月 27 日，国务院国资委召开国有企业改革深化提升行动 2024 年第一次专题推进会，要求完成 70% 以上主体任务约束要硬、发力要早，推进改革要上下贯通、穿透基层。

三是全力推进各项改革任务落实落地。国有企业改革深化提升行动 2024 年第一次专题推进会提出，功能使命类改革任务要找准行动方位、强化考核引导；体制机制类改革任务要形神兼备、更广更深落实；功能使命类改革任务与体制机制类改革任务要统筹推进、形成改革组合拳，以功能使命类改革引领体制机制类改革，以体制机制类改革支撑功能使命类改革，两者要一体推进、相辅相成。

中央企业要牢牢把握 2024 年完成国有企业改革深化提升行动 70% 以上的目标要求，进一步聚焦体制性、机制性、结构性、功能性问题，在加快发展新质生产力的框架下持续完善和推进重点任务举措，在增强国有企业服务国家战略功能作用、推动国有企业真正按市场化机制运营、加快建设世界一流企业和培育专精特新企业上取得实质性进展，进一步发挥科技创新、产业控制、安全支撑作用。

1.4 提升中央企业价值创造能力

2023 年 12 月 25 日至 26 日，国务院国资委召开中央企业负责人会议，对中央企业 2024 年重点任务作出部署。

推动国有资本实现"三个集中"。要坚定履行党中央赋予国资央企在新时代新征程的重大使命，坚持把高质量发展作为硬道理，深入推进布局优化和结构调整，推动国有资本不断向关系国家安全、国民经济命脉的重要行业和关键领域集中，向提供公共服务、应急能力建设和公益性等关系国计民生的重要行业和关键领域集中，向前瞻性战略性新兴产业集中。

注重提升五方面价值。即注重提升增加值、功能价值、经济增加值、战略性新兴产业收入和增加值占比以及品牌价值等五个方面的价值。提升增加值方面，坚持正确发展观、政绩观，按照"一利稳定增长、五率持续优化"的要求，推动高质量的稳增长，在推动我国经济持续回升向好中发挥央企作用。提高功能价值方面，强化服务国家战略的导向，高水平实现经济属性、政治属性、社会属性的有机统一，更好体现在服务国家战略目标和现代化建设全局中的地位作用。提高经济增加值方面，优化资本投向和布局，坚决遏制盲目投资冲动，减少低效无效资本占用，增加投资的精准性有效性，形成更多有利润的收入、有现金流的利润，提高企业经营效率和质量。提高战略性新兴产业收入和增加值占比方面，进一步加快产业升级、建设现代化产业体系，大力推进新型工业化，打造新的产业支柱，加快建设战略性新兴产业集群，加大力度发展新质生产力。提升品牌价值方面，树立高目标追求，关注表外资产，通过提高企业品牌附加值和品牌引领力，增强中央企业价值创造能力，加快建设世界一流企业。

突出抓好"六个着力"。2024 年中央企业总体保持"一利五率"目标管理体系不变，实现"一利稳定增长，五率持续优化"，当好服务全面建设社会主义现代化强国的战略性力量、带动我国产业体系全面升级的引领性力量、推动国家经济社会发展的支撑性力量。着力提高质量效益，切实发挥有效投资关键作用，持续加强精益化运营管理，扎实推动高质量的稳增长；着力加大科技创新工作力度，全方位践行新型举国体制，大力度提升创新整体效能，系统性优化创新生态，更好发挥企业科技创新主体作用；着力推进布局优化结构调整，大力培育新产业新赛道，持续推动传统产业强基转型，强化对产业链关键环节的引领，加快推动新型工业化；着力深化国资国企改革，围绕优化资源配置、完善体制机制、健全制度保障深化改革，加快建设现代新国企；着力增强战略支撑托底能力，坚决落实国家重大战略部署，全力维护国家安全，扎实做好民生服务和基础保障，更好地服务经济社会发展大局；着力防范化解重大风险，坚决有力防控重点领域风险，加快健全合规管理长效机制，从严从细抓好安全环保工作，牢牢守住安全发展底线。

中央企业要把提升价值创造能力作为重要抓手，坚持创造经济价值、发挥政治效用、承担社会功能相统一，坚持质量第一、效益优先，把创造"五方面价值"作为深化改革创新的重要导向，进一步健全完善价值创造的诊断、责任、执行、评价和保障体系，加快形成以价值创造引领世界一流企业建设、支撑中国式现代化的良好局面。

（本章撰写人：张华磊　审核人：张新圣、廖建辉、赵简、曾炳昕、魏哲）

2

中央企业改革发展
关键问题研究

2.1　中央企业改革发展关键问题研究分析框架

进一步全面深化改革、加快培育和发展新质生产力、深入实施国企改革深化提升行动、提升中央企业价值创造能力等政策要求相互交织，对中央企业改革发展具有重要影响。需要结合党中央、国务院的重大决策部署和国务院国资委的要求，更加突出改革重点，进一步凝练和锁定值得研究的关键问题。

（一）发展新质生产力、构建新型生产关系是提升中央企业改革发展质量的重要出发点

充分认识新质生产力的理论和实践要求，把握发展新质生产力对中央企业改革发展的基础性引领性作用。 新质生产力是党中央、国务院在新一轮科技革命和产业变革背景下，将马克思主义基本原理同中国经济实践紧密结合而创造性提出的新概念、新理论，是对马克思主义生产力理论的创新性继承与开创性发展，具有十分重要的理论意义和实践意义。新质生产力是符合新发展理念的先进生产力质态，也是实现高质量发展的引领性力量。中央企业要当好服务全面建设社会主义现代化强国的战略性力量、带动我国产业体系全面升级的引领性力量、推动国家经济社会发展的支撑性力量，就需要深刻把握新质生产力理论要求和实践要求，在加快发展新质生产力中当排头、作示范。

把握发展新质生产力、构建新型生产关系对实施国企改革深化提升行动赋予的新内涵。 新质生产力是中央企业高质量发展的推动力，加快发展新质生产力，关键是要形成与之相适应的新型生产关系。中央企业要从发展新质生产力、构建新型生产关系这一底层逻辑出发，深刻认识深入实施国企改革深化提升行动的重要意义，并以此指导改革实践。新一轮的国企改革将重点放在科技创新、现代化产业体系建设、支撑国家战略安全等功能使命类任务上，这与发展新质生产力的要求具有高度的一致性；其所强调的要以体制机制类改革支撑功能使命类改革，就是要通过进一步深化改革构建新型生产关系、更好促进新质生产力发展的具体体现。"两新"是中央企业适应新形势新要求的关键路径，如图 2-1 所示。

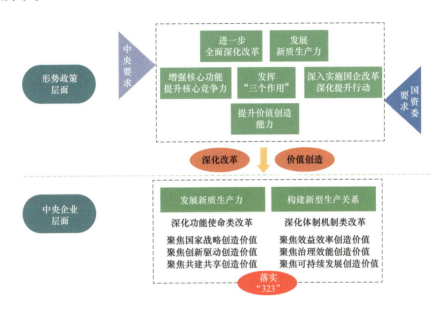

图 2-1　"两新"是中央企业适应新形势新要求的关键路径

（二）提升中央企业价值创造能力是落实中央关于发展新质生产力、构建新型生产关系重大决策部署的重要落脚点

提升中央企业价值创造能力是发展新质生产力、构建新型生产关系在中央企业深化改革领域的逻辑体现。新质生产力是在信息化、智能化、网络化等条件下形成的生产力，是通过重塑生产方式带来高品质商品的生产力，是全面提高要素生产效率和全要素生产率的生产力，是充分体现先进性的当代生产力。也就是说，发展新质生产力形成了改造自然、利用自然的新能力，创造出更大的价值和使用价值。另外，新质生产力加快发展，进一步催生了新型劳动者队伍，提高了劳动者的价值功能，进一步推动收入分配关系、人与人之间的关系发生变化，进而创造更多的新的物质财富和精神财富。总之，发展新质生产力、构建新型生产关系贯穿价值挖掘、价值培育、价值形成、价值分配的逻辑，其过程一定程度上是价值创造的过程。中央企业加快培育和发展新质生产力、构

建新型生产关系，一定要最终反映在价值创造能力提升上。

把握发展新质生产力、构建新型生产关系对提高价值创造能力的路径指引作用。新质生产力特点在"新"，优势在"质"，落脚在"生产力"。价值创造是中央企业实现高质量发展的重要内容，也是提升企业核心竞争力的本质要求，提升价值创造能力是促进中央企业高质量发展的导向性抓手性举措。发展新质生产力与国务院国资委世界一流企业价值创造行动提出的聚焦国家战略、创新驱动、共建共享等重点任务具有内在一致性，构建新型生产关系与聚焦效益效率、治理效能、可持续发展等具有内在一致性。可以说，发展新质生产力、构建新型生产关系，进一步明确了中央企业价值创造的具体内涵和多样路径，对于中央企业加快提升五个方面（增加值、功能价值、经济增加值、战略性新兴产业收入和增加值占比、品牌价值）的价值，提供了重要指导。**一方面**，企业增加值不仅能够反映生产过程中新创造的价值，经济增加值能够更加客观真实反映企业的价值创造能力，战略性新兴产业收入和增加值占比则一定程度上体现了企业未来的增长潜力。发展新质生产力就是以科技创新为引擎、以新产业为主导、以产业升级为方向，推动企业创造更大经济价值；构建新型生产关系就是通过重塑管控方式、管理模式、价值分配关系等进一步减少制约企业发展动力活力释放的各种束缚，支撑保障企业创造更多更大价值。**另一方面**，功能价值主要反映企业对经济社会发展的综合效用，品牌价值则是中央企业无形资产价值的体现，是软实力的重要组成部分；通过发展新质生产力、构建新型生产关系，中央企业能够更好地履行三大责任，能够助力实现区域协调发展、提升产业链供应链韧性和安全水平，能够更好发挥中央企业在初次分配、再分配和三次分配中的重要作用，促进共同富裕；能够通过在公平竞争中助力实现高水平的对外开放，助力提升国家影响力和全球竞争力。**总之**，加快发展新质生产力、新型生产关系，进一步明确了提升价值创造能力的机理和路径，为中央企业在进一步全面深化改革的新的历史周期中实现高质量发展指明了清晰方向和途径，也提供了重要动力保障。

鉴于以上原因，本报告立足中央企业改革发展新形势新要求，构建以"两新"为框架的中央企业价值创造能力提升机制过程模型，遴选六个关键问题，以新质生产力驱动中央企业价值创造能力提升，以新型生产关系保障中央企业价值创造能力提升，具体如图 2-2 所示。

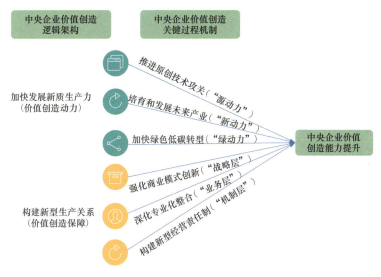

图 2-2　　"两新"框架下提升央企价值创造能力关键议题分析

2.2　提升中央企业价值创造动力关键问题研究

聚焦"源动力"，科技创新是发展新质生产力的核心要素，特别是要加强原创性、颠覆性科技创新。目前来看，科技创新是中央企业由外生价值创造向内生价值创造转变的关键引擎。原创技术是依托原始创新活动取得的新技术成果，是中央企业打造未来竞争优势的关键技术，是价值创造的重要"源动力"。因此，选择**"推进原创技术攻关"**作为关键议题。

聚焦"新动力"，改造提升传统产业、培育壮大新兴产业、布局建设未来产业是发展新质生产力的重要路径，其中，未来产业是引领科技进步、带动产业升级、培育新质生产力的战略选择。本报告把**"培育和发展未来产业"**作为挖掘中央企业价值创造"潜在价值"的关键议题。

聚焦"绿动力"，新质生产力本身就是绿色生产力，加快打造绿色生产力、数字生产力、融合生产力等新的生产能力，能够加快形成新的价值创造模式。因此，把**"加快绿色低碳转型"**作为催生中央企业价值创造"绿色动力"的一项关键议题。

2.3　强化中央企业价值创造保障关键问题研究

聚焦"战略层"，商业模式是向市场和客户传递价值并获利的方式，是企业构建价值网络以及创造、传递、获取价值的基本原理。商业模式创新意味着企业价值创造基本逻辑发生了变化。因此，把**"强化商业模式创新"**作为提升中央企业价值创造能力的"底层逻辑"。

聚焦"业务层"，新质生产力是由技术革命性突破、生产要素创新性配置、产业深度转型升级而催生的当代先进生产力，以全要素生产率提升为核心标志。专业化整合是企业通过股权和非股权方式，将资源向优势企业和主业企业集中的过程，目的是通过做专做优核心业务，进一步增强企业业务协同度、提升整体资源配置效率、增强核心竞争力，真正实现内涵式增长。深化专业化整合是发展新质生产力、构建新型生产关系的重要手段，因此选择**"深化专业化整合"**作为关键议题。

聚焦"机制层"，建立新型生产关系，就是要通过进一步深化体制机制改革，促进新质生产力发展。构建新型经营责任制是新一轮国企改革的重要内容，是推动国有企业真正按市场化运营的重要抓手，对于强化国企市场主体地位、完善公司治理、建立市场化的体制机制、激发内生活力动力具有重要意义。因此，本报告将**"构建新型经营责任制"**作为关键议题。

（本章撰写人：张华磊、张新圣　审核人：张东芳、徐云飞、李欣、
程佳旭、常燕、王丹）

3

以新质生产力驱动
中央企业价值创造
能力提升

3.1 攻关原创技术

3.1.1 政策分析

当前政策主要在原创技术攻关的布局、组织方式上作出要求，一是强调需求牵引，加强在前沿技术和颠覆性技术的布局；二是强调通过建设原创技术策源地组织原创技术攻关。2022 年，国务院颁发《关于推进国有企业打造原创技术策源地的指导意见》，要求加强原创技术供给，超前布局前沿技术和颠覆性技术，提升国有企业原创技术需求牵引、源头供给、资源配置、转化应用能力，打造原创技术策源地。2024 年，工业和信息化部等国务院七部门发布《关于推动未来产业创新发展的实施意见》，要求把握全球科技创新和产业发展趋势，重点推进未来制造、未来信息、未来材料、未来能源、未来空间和未来健康六大方向产业发展，以前沿技术突破引领未来产业发展，加强原创性、颠覆性技术创新。同年，党的二十届三中全会提出，健全国有企业推进原始创新制度安排。

3.1.2 问题分析

一是原创技术攻关意识不足[1]。**对原创技术的战略意义认识不足。**部分央企未能充分认识到原创技术攻关对于提升自主创新能力、增强市场竞争力的战略性意义，在资源配置、激励支持等方面重视程度不足。缺乏对发展原创技术的战略眼光和紧迫感，影响了原创技术攻关的整体推进。**正向研发意识不足。**部分企业仍囿于对国外先进技术"引进、消化、吸收、再创新"的模仿创新和跟随创新模式，缺少真正从 0 到 1 实现突破的原创技术，阻碍了部分国企走向原创技术创新。**缺乏开拓创新的勇气。**一些国有企业保守守旧，更愿意沿用已知的传统方法来降低风险，对运用原创性的创新方法和思路来解决关键核心技术问题，存在一定的抵触情绪和畏难情绪，制约了国企原创技术攻关的积极性。

二是原创技术攻关预见能力不足。一些央企对国内外市场需求、技术发展趋势和行业痛点缺乏深入了解和精准把握，导致原创技术攻关方向定位不准、攻关目标选择不恰当。目前诸多企业，被动地跟随市场而非主动地前瞻，不能主动谋划和部署具有战略价值和颠覆性意义的原创技术攻关，无法准确预判原创技术的价值所在。这种对未来发展态势的前瞻性思考和洞察力的缺失，导致其难以抢占原创技术创新的制高点。

三是原创技术攻关布局有待优化。**原创技术攻关缺乏系统性布局，供需对接不精准**。存在需求牵引不足的问题，导致"攻而不用"，造成资源浪费和成果转化效率低下。国有企业承担着国家战略任务与社会责任，因此在追求经济效益的同时，还要兼顾社会效益。这种多元化的目标定位，导致国有企业对市场需求的识别、拆解不足，对领先用户、场景创新需求等的关注和投入力度也不足。**未能从全产业链角度推进原创技术攻关**。央企国企由于其自身的垄断特征，在全产业链上的系统性思考和谋划不足，更多地停留在单一环节的局部技术创新，未能从整体上识别并集中攻克制约产业发展的关键共性技术，难以全面推进产业链上的原创技术攻关。

四是原创技术攻关能力有待提升。**自主研究能力薄弱，关键技术依赖外部**。中央企业在基础研究和应用基础研究的能力较为薄弱，重点领域、关键环节原创技术比例低，底层基础技术普遍缺乏。基础工艺研发能力薄弱，关键材料、核心元器件、基础软件、重大装备、开发平台等核心技术对外依存度高，制约了关键核心技术的自主可控。**原创技术投入长期导向不足**。中央企业既要承担引领技术创新、服务国家战略的艰巨任务，又要兼顾自身的生存发展。中央企业在保值增值的压力下，有时难以兼顾社会效益与经济效益、短期收益与长期收益，因此往往更倾向于研发具有短期收益的技术。而对于风险性高、不确定性强的前沿性、颠覆性技术投入不足。这种短期经济效益导向，阻碍了对原创技术攻关的长期投入。

五是原创技术攻关的组织效率效果不高。国有企业的主导作用发挥不足，未能充分集聚优势资源，组织联动不足，内外协同创新能力待提升。**外部协同创新能力不足，限制了原创技术攻关的整体推进**。创新链上的技术、人才、资本等各种资源要素的汇聚融合机制还不完善，未能为产业发展提供有效支撑，一定程度上存在技术成果"孤岛化"、研发活动"空心化"、创新资源"碎片化"和政策落实"悬空化"等现象。**内部组织模式碎片化，削弱了原创技术攻关的整体效果**。技术研发设计、生产制造、验证评价、工程应用等各环节的协同衔接不够紧密，科技成果转化机制不畅通，转化孵化服务能力薄弱，导致原创技术成果不能够及时地转化为满足市场需求的创新产品或服务。

六是原创技术攻关成果转化不足。**成果转化激励政策供给落实不到位**。中央企业科技成果转化涉及国有资产保值增值、合规性等多重因素，影响了成果转化的效率。国有企业科技成果转化激励和容错机制尚不完善，激励政策、容错免责机制不健全，使得科技人员缺乏转化积极性，阻碍了原创技术成果顺利转化应用。**成果转化专业力量不足**。中央企业普遍缺乏专业的科技成果转化资源和能力，既没有完善的转化政策体系，也缺乏专门的转化人才队伍，导致了成果转化工作力度不足、效果不佳。

3.1.3 典型经验

一是通过激励增强原创技术意识。**中国移动**以"市场反哺研发"为理念，构建科技成果价值核算体系，促进科技成果与市场表现的业绩挂钩，并积极探索核心技术人才股权、分红等激励手段，全方位激发人员的创新活力。**国家电网**针对原创技术特点，建立了稳定支持和有序竞争相结合的经费投入机制，对长线研究和基础前瞻研究团队予以长期、持续、稳定资金支持，突出长期导向，增强原创技术意识。**航天科技**实施了职务科技成果完成人和转化团队参与收益分配制度，建立了研发创新骨干奖励制度。

二是系统布局原创技术攻关。加强前沿技术研判，聚焦重点领域和关键技术。**国家电网**在海外设立研究院和研究中心，全力开展前沿技术研发。同时，成立由跨行业、多领域两院院士组成的科技咨询委员会，常态化研判科技创新态势，为电力科技创新提供智力支撑。**中国煤炭科工**聚焦能源、煤炭领域技术装备"短板""卡脖子"难题，构建适应科学、技术、创新、发展规律的体制机制，系统布局原创技术研发重点任务，努力打造煤炭开发利用原创技术策源地和行业战略科技力量。**航天科技**成立中国航天科技创新研究院，重点在应用基础研究、前沿技术研究和新领域布局发力，加快产出一批航天领域原创性的重大科学发现、重大基础理论突破，打造航天原创技术策源地的示范单位，引领带动和支撑航天技术发展。

三是产学研用深度融合。中国华能以重大科技项目为牵引，联合上下游企业、高校和科研院所，组建"任务型、体系化"的创新联合体和"国家队"，成功研发出国际首创、华能原创的 COAP（低温法污染物一体化脱除）技术，实现烟气污染物一体化近零排放。**航空工业集团**所属通飞华南推行"揭榜挂帅"制，联合内部各单位，广泛遴选项目负责人和项目团队成员，组建跨单位的联合项目团队；建立校外导师聘任制，积极引进北京航空航天大学、西北工业大学、南京航空航天大学等著名高校教师参与博士后项目，参加重大里程碑节点评审，营造良好的学术环境。**中国电气装备集团**在研发投入结构、创新合作平台、"卡脖子"关键技术攻克等方面形成了闭环创新机制，支撑装备技术不断升级迭代，核心竞争力显著提升。与高校联合建设研究院、实验室等平台，聚合行业资源优势，打造重大技术创新策源地，为产业发展提供有力支撑。

四是加强原创技术生态环境培育。国家电网推行"揭榜挂帅"、项目总师、容错纠错三项科技攻关机制，推行"赛马制""预算成本制"；建立学术聘任、津补贴、创新科研支持三项人才激励制度，在直属科研单位全面实施股权和分红激励，创新创业的内生动力得到有效激发。建设一批双创示范中心和双创科技园，打造了线上线下两大平台。**中国移动**升级"联创+"计划，拓展联合研发新模式，已与科技创新型企业、高校等共建 12 个高校联合研发载体、8 个集团级企业联合实验室，累计成立 28 个 5G 开放实验室，聚合超 1400 个合作伙伴。

另外，中国移动构建了"双创行动计划"，包括生态目标、能力平台、双创基地等，打造多元协同创新生态。**中国铁塔**联合申通地铁，利用既有的通信基站资源，在轨道交通沿线部署气象监测、视频监控设备，形成全面的数据采集网络。通过大数据分析和智能算法，为轨道交通提供精细化的气象服务和实时视频监控，实现了预警联动、应急响应的全流程数字化管理，助力行业客户提升运维水平。这种面向行业客户的创新服务模式，充分发挥了铁塔公司的资源优势，体现央企在产业链服务中的引领作用。

五是多方面促进原创技术攻关成果转化。丰富科技成果转化的激励约束措施，创新成果转化方式方法。**中铝集团**构建了科技、产品、专项一体贯通的创新发展规划体系，建立了高效的科技创新攻关机制和评价体系。集团"四大创新平台""四大专业研究院"的建设取得明显成效，核心技术攻关能力大幅增强，标准研制和专利授权数量显著提升，不断增强了自主创新能力，为行业高质量发展提供有力支撑。**中国电科**从 2014 年开始举办熠星创新创意大赛，采用"孵化+投资+双创"的方式促进成果转化，搭建"创意、技术、产品、产业"高速通道，并成立创投基金进行项目投资。

3.1.4 相关建议

深入研判前沿技术发展趋势，增强原创技术攻关意识。一是准确把握创新方向，加强对前瞻性应用基础研究的超前研判和布局，加强应用基础研究重大项目可行性论证和遴选评估，下好原始创新"先手棋"。二是重视原创技术考核，将核心技术自主可控程度、研发成果质量、产业带动能力、成果转化水平等关键指标纳入央企绩效考核中，提高科技创新在科研单位中的考核占比。[2]

构建供需对接平台，建立原创技术供需预测机制。一是打造公共服务平台，提升对前沿领域、关键技术的研究与检索能力，为原创技术开发提供充分的信息资讯推介及技术和科技人才匹配服务。二是强化需求牵引能力，充分挖掘现有产品研发和应用场景，识别潜在的创新需求，为前沿技术的创新提供切实的应用场景支撑，提高原创技术转化成功率。

多要素集中发力，强化原创技术攻关能力。一是加大基础研究投入，建立健全同攻关研究特点相匹配的经费投入、组织管理、人才培养、绩效评价管理制度。二是强化技术联合攻关，以重大技术攻关项目为抓手，整合各方优势资源，组建任务导向、体系化的创新联合体或国家队[3]。

完善转化体系，加快原创技术成果推广应用。一是坚持专业化平台化，加快建设试验验证平台，深入推行科技成果赋权激励，积极培育和建立技术经理人队伍。二是深化成果应用对接，全面梳理央企"三首"产品、成熟新产品，制定应用鼓励性政策，积极在央企之间推广应用。

3.2 培育发展未来产业

未来产业代表着未来科技和产业发展方向，具有技术颠覆性强、产业关联度高、市场空间潜力大等特征，对于支撑我国中长期经济增长、构筑竞争优势、引领现代化产业体系建设具有先导作用，是大国产业竞争的战略焦点，也是塑造未来世界格局的重要力量。大力培育未来产业，已成为引领科技进步、带动产业升级、培育新质生产力的战略选择[4]。

3.2.1 政策分析

《中华人民共和国国民经济和社会发展第十四个五年规划和二〇三五年远景目标纲要》提出，要前瞻谋划未来产业。工业和信息化部等国务院七部门于2024年3月发布《关于推动未来产业创新发展的实施意见》（简称七部门《意见》），从技术创新、产品突破、企业培育等方面作出部署和安排，为新时期推动未来产业创新发展指明了方向。党的二十届三中全会进一步提出，加强新领域新赛道制度供给，建立未来产业投入增长机制。未来产业成为各地拼经济、谋长远的重头戏，多地纷纷出台实施未来产业发展专项规划、行动计划与配套政策，掀起发展未来产业的良好势头[5]。

一是划定未来产业发展的重点领域。七部门《意见》将元宇宙、脑机接口、量子信息、人形机器人、生成式人工智能、生物制造、未来显示、未来网络、新型储能等 9 大领域列为未来产业发展重点。各地政府在《意见》基础上进一步划定重点产业。如广东提出未来电子信息、未来智能装备、未来生命健康、未来材料、未来绿色低碳等五大未来产业集群发展行动计划。浙江则提出优先发展未来网络、元宇宙、空天信息、仿生机器人等 9 大重点产业。

二是加强关键技术研发创新。七部门《意见》提出，要面向未来产业重点方向实施国家科技重大项目和重大科技攻关工程，加快突破关键核心技术，加强基础共性技术供给，集聚产学研用资源。浙江提出，要实施未来技术国际大科学计划、大科学工程，布局建设国际技术转移和创新合作中心，探索构建跨区域未来产业协同发展体系，推动共建长三角未来产业技术研究院。北京提出，要统筹在京国家实验室、国家科研机构、高水平研究型大学、科技领军企业，牵头或参与国家级创新平台建设，加快形成前沿性、交叉性、颠覆性技术原创成果，实现更多"从 0 到 1"的突破。

三是培育产业发展引领主体。七部门《意见》提出，要引导领军企业前瞻谋划新赛道，建设未来产业创新型中小企业孵化基地，支持新型研发机构快速发展，培育未来产业链，形成多元化的未来产业推进力量。上海提出，要引进培育一批创新型企业，发布硬核科技百强榜单，形成一批在细分领域引领的"未来之星"；依托"浦江之星"计划，构建"科学家+企业家+投资家"整合的项目挖掘与甄别机制。

四是推动场景转化应用。七部门《意见》提出，要开拓新型工业化场景，以场景创新带动制造业转型升级；打造跨界融合场景实现前沿技术和产品的跨领域、综合性试点应用。浙江提出，要面向未来生产生活方式，聚焦未来城市、未来工厂、未来市场等领域，建设新技术新产品中试基地和应用测试空间，提供集成创新和产业应用试验条件。北京提出，要强化技术驱动类、业务驱动类、集成应用类等场景建设，建设若干未来产业先导试验区，积极打造世界领先的未来产业创新发展示范基地。

3.2.2 问题分析

未来产业是当今我国能够和国际创新保持同步或者领先的重大产业创新机会之一。近年来，中央企业创新活力不断增强，一批创新型企业持续涌现，在先进计算、生物技术、新材料等领域取得了重要进展，量子计算、合成生物学、人工智能等一批科学技术具备了产业转化的基础，技术和产业布局已经初步完善。我国具有良好的制造业基础优势、齐全的未来产业应用场景，以及超大的市场规模和人力资源优势，这也为中央企业发展未来产业提供了有利条件[6]。从问题来看，主要表现在业务布局、方向识别、外部协同等方面。

一是跟进未来产业发展方向的速度偏慢。未来产业有技术推动、市场拉动等多种动力机制，抢占产业发展的先机要求企业对技术和需求的变化保持高度敏感。由于行业属性特殊，不少中央企业面临的竞争约束较弱，缺乏动力快速跟进外界技术进展和市场需求的变化。内部管理层级多、决策流程长、信息传递慢、自主权限少等问题依然不同程度存在，制约了企业反应的速度，很难第一时间将技术动向和市场需求转化为企业的行动。

二是产业和业务布局偏重偏旧。从中央企业整体营业收入、利润的分布来看，呈现出传统产业多、新兴产业和未来产业少的特点。这样的分布固然与中央企业掌握关系国民经济命脉和国家经济安全的基础行业有关，但与民营企业和地方国企对比，部分新兴产业、未来产业的发展也存在差距。以七部门《意见》提出的未来产业标志性产品为例，中央企业很少有从事脑机接口、第三代互联网、高端文旅装备等领域，也缺乏标志性的产品和技术。

三是产业发展主体之间资源配置偏散。未来产业具有鲜明的技术与技术、技术与行业、行业与行业交叉融合特点，行业发展要素高度分散，必须通过不同企业的能力互补、不同产业链的纵横交错才能够形成新的产业生态。但中央企业间、企业与其他主体间科研和产业发展资源相对分散，大型平台、仪器设备共享不足，投入大且使用效率不高，基础设施有重复建设，同一类型科研任务有重复部署，且存在同质化竞争，创新资源整合力度及协同效率有待提高。受规章制度等制约，研发成果较多在企业内部转化，尚未在各主体之间实现规模化转化，市场化应用打通转化点较少，制约了联合体效应的进一步发挥。

四是高端人才当量偏低，激励机制偏弱。未来产业位于科技和产业前沿探索的"无人区"，需要一批具有前瞻视野、复合知识、冒险精神的优秀技术人才、经营管理人才。此类人才在中央企业极为稀缺，且因受到薪酬、激励等方面制约，也很难从市场上获得。尽管有中长期激励、工资总额单列等优惠政策，但多数处于成长期的科技型企业达不到实施条件，已经实施的部分企业也因考核不达标而无法兑现激励。

五是未来产业发展需要的容错机制和氛围偏弱。未来产业由前沿技术的重大突破所推动和形成，因此在技术路线、应用场景、产业化成功时间等方面具有非常高的不确定性甚至失败的可能，需配套容错机制。目前中央企业在研究项目管理中，存在过于注重管理流程的规范与完整、过于看重对项目任务书规定指标的考核等问题，缺少宽容失败、创新容错的有力措施，与科学研究规律不相适应。中央企业对未来产业的投资也受到传统的投资考核制度、风控标准和责任追究办法等方面的制约，不适应未来产业高失败率的特点。

六是考核机制不适合未来产业属性。由于央企任期考核制的原因，央企更关注考核期内的资产保值增值和经营业绩指标的完成，对于需要长期投入、持续投入的基础性和前瞻性技术研究项目、产业发展项目关注不够。企业研发大多集中于集成创新、试验性研究，追求短平快，用于周期长、见效慢的基础性、颠覆性技术的研发资金投入动力缺乏且不足。此外，受制于支撑产业投资回报和经济效益提升的考量，企业投入未来产业发展项目的动力不足。

3.2.3 典型经验

一是发力前瞻技术研发，推动关键技术突破。中央企业持续加大科技投入力度，打造原创技术策源地，布局锻造一批未来产业需要的基础应用技术、前沿技术、长板技术。**进军战略空间**。**中国石油**深地塔科 1 井使用 29 支钻头和 1060 多根首尾相连的钻杆，运用 200 余项国内顶尖装备和技术连续钻穿 12 套地层，井斜、井径、固井等关键质量指标均 100% 合格，在国际上首次开展万米物理测井、万米取芯等一系列科学探索工作，使我国有望成为世界上第一个探测获取万米井下真实地球物理、地球化学信息的国家。**中国航天科技**抓总研制的"天问一号"在国际上首次通过一次火星探测任务实现"绕、着、巡"三大任务目标，火星环绕器作为其"业务骨干"，创下多个"第一"，获取了大量一手的科学数据和工程数据，为我国行星探测工程积累了宝贵经验。**打造"大国重器"**。**中国中车**所属中车长客股份公司自主研制的我国首列氢能源市域列车在位于长春的中车长客试验线进行了运行试验，列车成功以时速 160km 满载运行，实现全系统、全场景、多层级性能验证，实现了整车控制的深度集成，大幅提高能量利用效率，同时提高供能的灵活性和可靠性，最高续航里程可达 1000km 以上，标志着氢能在轨道交通领域应用取得新突破。**推动消费技术变革**。**华侨城**旗下康佳集团发力新型显示，安康工厂在 5G、视觉 AI、人工智能、大数据分析、云计算等新兴技术的加持下，已形成高度数字化、信息化、网络化的生产模式，能够使生产效率提升 50% 以上。康佳集团 Mini LED 芯片已实现量产，持续供应内部和外部客户；Micro LED 芯片搭配巨转技术，已与业内厂商达成专案合作并成功产出样品；Mini 直显产品已开始供应战略客户，可应用于商业显示、大型监控、演播厅、展会、影院等应用场景。

二是发挥投资带动功能，培育产业发展主体。中央企业运用业务拆分、设立投资基金等方式，整合未来产业发展关键要素，聚集发展动能。**联合组建专业子公司**。**中核集团**牵头组织 25 家央企、科研院所、高校共同承担，系统布局了重点技术、典型场景、重大工程项目，打造可控核聚变创新联合体，推进设立可控核聚变专业化公司，为可控核聚变产业发展奠定了坚实基础。**以央地合作方式促进创新主体发展**。**中国电信**在合肥设立中电信量子信息科技集团有限公司，在合肥量子城域网、量子安全通话产品"量子密话"等基础上进一步推动量子保密通信技术与人工智能、大数据、云计算、物联网、工业互联网、安全办公等领域深度融合，先后发布超量融合云平台"天衍"以及全系列量子安全产品，实现了从真机到操控系统到编译软件全部国产化。**运用产业基金投资外部企业**。**中广核**以广核资本作为集团发展氢能产业的孵化器，通过基金或者直投的方式，对掌握核心技术、材料、装备的企业，开展参股或者控股；目标为最终在技术、装备、材料领域形成核心竞争力，从而协助集团实现氢能产业方向上的延伸拓展。

三是遴选关键场景，加快未来技术应用落地。中央企业运用业务面宽的优势积极开拓应用场景，支持未来产业越过由技术到应用的关键一步。**推动传统产业提质增效**。**中国电科**与物流装备企业开展广泛合作，将人形机器人投入智慧物流应用场景，凭借视觉识别能力分拣商品，再用双手搬到 AGV 自动导向车，提高分拣、搬运环节效率。**促进新兴产业持续升级**。**中国移动**、**中国电科**打造国内首创量子算力与通用算力融合互通系统级平台，依托移动云率先布局公有云量子计算云服务，链接超导量子计算机，通过"五岳"量子计算云平台提供开放的量子融合算力测试环境，为高校、企业和科研人员开展量子算法实验提供有力支撑，加速推动中国量子计算产业化。**服务关键基础设施行业变革**。**国家电网**区块链应用技术实验室运用区块链分布式存储、节点共识共享、公开透明等特点设计研发了区块链绿电溯源、绿电交易系统，服务新型电力系统全环节海量分散对象的智能协调控制，累计服务全国 26 个省份的 7 万余家市场主体，绿电交易电量超过 1400 亿 kW·h，区块链绿电消费凭证核发 18 万张。

四是优化创新生态，营造开放合作环境。中央带动各类经营主体参与现代化产业链建设，持续完善未来产业体系构建。**完善创新链条**。**中国移动提出**，开展"筑基行动",依托协同创新基地,布局开放、共享的产业生态,打通从理论到实验、再到应用的全创新链,系统布局和推进芯片、器件、仪表,及基础软件等全产业链发展,确保 6G 产业生态健康、开放繁荣。**成立创新联合体**。**国家能源集团**牵头氢能联盟成员单位壮大到 260 家,打造氢能白皮书、氢能大数据、氢能领跑者、可再生氢 100、与氢同行等活动品牌,举办中国国际氢能及燃料电池产业展览会、氢能专精特新创业大赛、世界氢能青年科学家论坛和活动,积极开展"政产学研用"联动和"制储输用"协同。

3.2.4 相关建议

一是加强前瞻性业务布局。**加强未来产业涌现重点领域的辨识能力**。强化跟踪研究中长期全球技术变革的战略预见,建立未来技术动态清单,根据清单部署一批战略性、储备性技术研发项目。[7] 有条件的中央企业可以整合自身科技力量,组建专门的未来产业技术研究实体,加强前沿技术转化与融合探索,打造未来产业策源地。**加大未来产业投资力度**。要针对未来产业孵化培育长周期、高风险、战略性特征,持续投小、投早、投硬,加快推动高成长性创新型企业发展,培育一批未来产业龙头企业,打造未来产业各个细分领域中的"专精特新""小巨人"企业。**设立专门外部投资基金**。除加快自身发展未来产业相关业务外,中央企业也应积极投资外部创新型企业,加大资本投入、优化投资结构,采取基金、直投等多种方式实施战略性投资,综合运用资产收购、股权投资、业务整合等手段。建立健全政府资金、中央企业资金与市场化投资基金的联动机制,通过企业投资撬动更多资本进入。

二是加速关键技术应用转化。**加强关键技术研发**。要面向科技源头问题、基础问题做好探索性研究,充分发挥国家战略科技力量突出作用,加强前沿技术多路径探索、交叉融合和颠覆性技术源头供给,探索推进问题导向型的科技协同创新机制,丰富未来产业的技术供给。**开展广泛协同创新**。加大源头性技术创新主体培育力度,推动科研组织范式创新,牵头联合其他各类型企业、高等院校、科研院所等搭建未来产业创新联合体、企业共同体和知识产权联盟[8]，探索"科学家+企业家"的协同攻关机制，重点扶持符合战略性未来技术方向和未来产业发展需求的科研攻关项目。**发挥应用场景的关键牵引作用**。企业要积极组织实施前瞻性、验证性、试验性应用场景项目，搭建场景"沙箱"，推进未来技术在具体应用场景和行业领域的应用和有效验证，加快未来技术向产业转化。争取转型为行业级、场景级系统解决方案供应商，围绕场景拓展行业应用领域，推动前沿技术与生产、生活、生态、治理各领域全环节融合，构建多维度、可持续的孵化场景体系。

三是完善未来产业发展配套体制机制。**建立适应未来产业发展的容错机制**。企业应建立鼓励创新的未来产业项目遴选和评价机制，对于探索性强、研发风险高的前沿领域建立尽职免予追责机制，探索长周期考核和监管机制。对一时看不准的未来产业，设置一定的"容错""试错"包容期，支持投资者"投小、投早、投未来"。**完善适应未来产业需求的考核体系**。结合行业与业务特性，设立差异化考核标准。考核要更加注重长期内业务发展潜力，不鼓励企业追求短期目标，不将利润、营收等传统业务考核指标作为重点。**激励未来产业发展需要的关键人才**。要切实改进人才分类评价制度，破除将薪酬待遇等与人才"帽子"简单挂钩的做法，完善基于绩效考核的收入分配机制，落实好科技成果转化奖励政策，精准激励未来产业发展需要的重点人才和重点团队，形成鼓励承担产业发展重大任务、潜心重大基础前沿研究、突出重大业绩贡献、体现公平公正与激励约束的科技人才收入分配制度体系。

3.3　加快绿色低碳转型

3.3.1　政策分析

一是建立绿色低碳循环发展经济体系。《关于加快建立健全绿色低碳循环发展经济体系的指导意见》提出，到 2025 年，初步形成绿色低碳循环发展的生产体系、流通体系、消费体系。党的二十届三中全会提出，健全绿色低碳发展机制，发展绿色低碳产业，健全绿色消费激励机制，促进绿色低碳循环发展经济体系建设。

二是全面建设清洁低碳能源体系。党的二十大报告强调，立足我国能源资源禀赋，坚持先立后破，有计划分步骤实施碳达峰行动，推动能源清洁低碳高效利用。党的二十届三中全会提出，加快规划建设新型能源体系，完善新能源消纳和调控政策措施。

三是加强中央企业绿色低碳发展统筹管理。国资委设立社会责任局，旨在通过制度设计，推动中央企业在经营管理中主动践行绿色低碳发展理念。

四是积极推动中央企业绿色低碳科技创新。国资委鼓励中央企业加强与科研院所、高校的合作，推动产学研深度融合，形成协同创新机制，加快关键技术突破。

五是加大中央企业清洁能源开发力度。国资委要求各中央企业制定详细的新能源发展规划，明确目标和措施；鼓励中央企业探索碳交易机制，开发符合自愿减排标准的项目获取收益。

3.3.2 问题分析

一是企业绿色低碳转型的意识和能力不足。一些企业在绿色低碳转型方面的意识和能力仍需提升。尽管政策层面提出了明确的"双碳"目标，但在实际执行中，部分企业对绿色低碳发展的重要性认识不足，缺乏主动性和积极性。企业在制定绿色转型战略、实施绿色技术创新、开展碳资产管理等方面的能力有待提高。

二是绿色技术总体水平不高。我国在新能源技术、绿色制造技术等方面已取得显著进展，但仍需加大投入，提升原创性、引领性、颠覆性技术创新能力[9]。能源资源领域原创性、引领性、颠覆性技术创新方面依然不足，大量关键技术、核心零部件、专用软件和基础材料仍依赖进口，制约了绿色转型的推进。

三是生态环境治理成效尚不稳固。部分企业在追求扩张的过程中，往往忽视环保问题，尽管列出了节能减排指标，但具体措施却不到位。部分企业内部的环保投入机制不健全，配套资金长期不到位，导致生态修复项目无法实施。

四是碳市场和碳资产管理不足。部分企业对碳市场的认识不够深入，缺乏系统的碳资产管理能力，导致在碳交易和碳减排项目开发中未能充分发挥潜力[10]。碳市场的机制和规则尚需进一步完善，企业参与度和积极性有待提高。此外，缺乏有效的碳资产管理工具和手段，使得企业难以实现碳资产的有效管理和增值。

3.3.3　典型经验

强化绿色低碳转型顶层设计。航空工业集团成立碳达峰碳中和工作领导小组，制定印发《航空工业碳达峰碳中和工作方案》，全力推进绿色航空、清洁航空建设。**中国石油**发布了《绿色低碳发展行动计划 3.0》，提出油气行业"碳循环经济发展路径"，细化了公司碳达峰碳中和时间表和任务书。

加快绿色技术创新。①推动传统能源绿色变革。**国家能源集团**加快煤电产业绿色低碳转型，完善碳捕集利用与封存技术体系。先后建成锦界电厂、泰州电厂、大同电厂等碳捕集利用与封存项目，推进世界首台百万千瓦机组全碳捕集研究示范项目。②驱动高新技术绿色转型。**航空工业集团**统筹推进绿色航空器设计、动力系统、绿色低碳航空基础设施配套等工业系统总体布局，探索绿色低碳循环发展之路。

加大清洁能源开发力度。中国华能明确到 2025 年新增新能源装机 8000 万 kW 以上，确保清洁能源装机容量占比 50% 以上，到 2035 年清洁能源装机占比 75% 以上。**国家能源集团**计划力争到"十四五"末，可再生能源新增装机容量达到 7000 万～8000 万 kW。**国家电投**坚持绿地开发与并购同步、集中式与分布式并举，力争新增新能源装机容量不低于 1500 万 kW。

加强碳市场碳资产管理。①构建碳资产管理体系。**中国大唐**建立健全以碳为核心，集低碳规划、绿色服务、国际市场、绿色金融、定制化服务于一体的绿色发展业务体系。②强化碳排放权交易参与。**中国华电**积极参与碳排放权交易市场建设，采取有力措施降低碳排放强度。③深化碳资产与业务整合。**国家能源集团**龙源碳资产公司积极参与国际碳市场，从事清洁发展机制项目开发与交易，实现项目到账收入 23 亿元。

3.3.4 相关建议

（1）**加快推动企业双碳战略实施方案落地**。

一是自上而下制定落实企业双碳行动方案和考核方案。结合自身实际情况，制定落实双碳战略的具体目标、路径和措施。

二是加强推动双碳战略实施方案落地。企业设立专门的双碳工作小组，明确职责分工，加强顶层设计和统筹协调，确保双碳战略落实工作有序推进。

（2）**深化产业结构绿色转型**。

一是加快传统产业绿色升级。积极推动传统产业的安全、绿色、集聚和高效发展，推动工业领域低碳工艺革新和数字化转型。

二是推动新兴产业发展。大力发展可再生能源、新能源汽车、节能环保产业等新兴产业，促进产业结构优化升级。

（3）**强化绿色低碳科技创新**。

一是加大研发投入。在双碳重点领域环节，加大低碳、零碳、负碳技术及装备的研发力度。

二是促进科技成果转化。加快绿色低碳前沿新技术、新工艺、新装备的研发和推广应用，争当双碳原创技术"策源地"和产业链"链长"。

（4）**积极利用市场化手段持续推进碳减排**。

一是开展碳资产管理。对于已纳入交易的企业，积极开展技术和管理节能、能源替代、原料替代、技术革新等措施，降低自身碳排放量。

二是创新碳金融产品。通过适当的交易方法及运作路径，开发碳期货、碳信托、碳基金等绿色金融产品，引入金融市场资本助力企业碳减排。

（5）加强政策支持和宣传引导。

一是强化政策支持。政府加大对企业绿色低碳转型的政策支持力度，出台相关激励政策，提供资金、技术和人才支持，帮助企业解决绿色转型过程中遇到的困难和问题。

二是加强宣传引导。政府和企业应加强绿色低碳转型的宣传引导，增强全社会的环保意识，营造良好的社会氛围。

（本章撰写人：张东芳、肖汉雄、王雪松　审核人：张新圣、吴鸾莺、夏利宇、程佳旭、何琬）

4

以新型生产关系保障中央企业价值创造能力提升

4.1 强化商业模式创新

4.1.1 政策分析

近年来，中央高度重视中央企业的创新发展，特别是在新技术和新模式的应用方面，出台了一系列政策措施，旨在推动企业通过技术创新和商业模式创新来提升竞争力和市场适应性，主要集中在以下几个方面：

一是推动企业科技创新。科技被明确为第一生产力，创新被视为引领发展的第一动力。**鼓励增加研发投入**。政策明确鼓励国有企业加大研发投入，特别是在关键技术、新材料、新能源和高端装备制造等领域。《国家中长期科学和技术发展规划纲要（2006－2020 年）》和《"十四五"国家科技创新规划》都强调国企应在总收入中提高研发经费的投入比例，力争达到行业领先水平。这些政策要求国企不仅要增加资金投入，还要优化研发资源配置，提升研发效率和成果转化率。**支持高新技术企业发展**。政策通过提供税收优惠、资金支持和政策倾斜等方式，支持国企在高新技术领域的发展。例如，高新技术企业可以享受减按 15%征收企业所得税的优惠政策，这一措施直接降低了创新活动的成本，激励企业投身于技术研发和创新。《关于进一步支持高新技术企业发展的若干意见》等政策文件也提供了更多支持措施，帮助国企在创新过程中获得更多的资源和政策保障。**建设创新平台**。政策鼓励国企建立和参与各种创新平台，如国家级和省级技术创新中心、产业技术研究院和企业技术中心等，旨在促进资源共享、技术交流和协同创新。通过建设这些创新平台，国企能够集聚行业内外的智力资源和技术力量，加速科技成果的研发和转化。如《关于推进企业技术创新平台建设的指导意见》明确指出，要大力支持国企建设技术创新平台，提升自主创新能力和科技竞争力。**促进成果转化**。为了增强科技成果的实际应用，政策鼓励国有企业完善科技成果转化机制。这包括建立健全成果评价、激励和分配机制，通过股权激励、技术入股等多种形式调动科研人员的积极性。同时，政策还强调保护知识产权，通过立法和行政手段确保创新成果的合法权益。例如，《促进科技成果转化法》为科技成果的转化提供了法律保障，促进了科技成果在实际生产中的应用。**推动国际科技合作**。鼓励通过国际科技合作获取全球创新资源和技术支持。支持国企积极参与国际科技合作项目，设立海外研发中心，引进国外先进技术和管理经验。这一导向旨在利用全球化的优势，为国企提供更广阔的创新视野和更多的技术合作机会。例如，《关于支持企业"走出去"开拓国际市场的指导意见》鼓励国企在全球范围内开展技术合作和创新活动，提升国际竞争力。

　　二是鼓励发展绿色经济。绿色发展成为高质量发展的基底，要求加快绿色科技创新和先进绿色技术推广应用，构建绿色低碳循环经济体系，推动经济发展方式的绿色转型。**推动绿色技术创新**。政策鼓励国企加大绿色技术研发投入，推动节能环保、新能源、新材料等领域的技术创新。国家《工业绿色发展规划（2016－2020年）》和《绿色产业指导目录》明确支持国企在清洁能源、资源循环利用、污染治理等方面的技术研发和应用。**推动绿色产业布局**。政府推动国企调整产业结构，优化资源配置，发展绿色产业。如《绿色产业发展规划》和《关于加快推进生态文明建设的意见》提出，国企应积极布局新能源、绿色制造、生态农业等绿色产业，促进传统产业的绿色转型升级。**绿色供应链管理**。通过制定绿色采购标准、推广绿色生产技术和开展供应链绿色认证等措施，国企可以推动整个供应链的环保和可持续发展。《关于推进绿色供应链管理的指导意见》要求国企在采购、生产、运输等环节采用环保材料和工艺，减少碳足迹和环境影响。为了支持国企的绿色发展，政策积极推动绿色金融的发展，为绿色项目提供融资支持。《绿色金融发展规划》和《绿色债券指引》《关于进一步强化金融支持绿色低碳发展的指导意见》明确指出，国企可以通过绿色信托、发行绿色债券、申请绿色贷款等方式，获得低成本的绿色融资，支持其环保和节能项目的实施。**绿色绩效考核**。政策要求将绿色发展指标纳入国企绩效考核体系，推动企业主动实施绿色管理。《关于进一步加强企业环保责任的意见》提出，要将环保指标纳入国企经营业绩考核，实行绿色发展"一票否决制"。这促使国企在追求经济效益的同时，注重环境保护和资源节约，提升绿色管理水平。

三是全面深化改革。要求进一步全面深化改革，特别是深化经济体制和科技体制改革，打通新质生产力发展的瓶颈，建立与新质生产力发展相适应的高标准市场体系和生产要素配置方式。**完善市场规则**。政策要求统一市场准入标准，消除市场壁垒和行业垄断，保障市场主体公平进入市场。建立市场化、法治化的退出机制，鼓励和支持国企优化资源配置，淘汰落后产能。《市场准入负面清单》制度明确了禁止和限制进入的行业、领域、业务类型。《关于推进市场化法治化债转股和降杠杆的指导意见》提出，国企应依法依规退出市场，处置不良资产，优化资产负债结构，通过市场化手段实现企业优胜劣汰。**提升市场透明度**。政策强调国企要提高信息公开透明度，定期披露财务报表、经营状况和重大事项。建立健全信息披露制度，确保信息披露的真实性、完整性和及时性。《企业信息公示暂行条例》要求国企全面、公正、及时地披露企业信息，通过信息公开提高企业透明度，增强市场信任。《上市公司信息披露管理办法》要求国有上市公司严格遵守信息披露规定，及时公布重大事项，确保投资者能够获取真实、准确、完整的信息，减少信息不对称，提升市场透明度。**优化资源配置**。鼓励国企推动要素市场化配置，健全产权保护制度，保障各类市场主体的合法权益，提高资源利用效率，激发市场活力。《关于进一步推进要素市场化配置改革的实施意见》提出，要推动土地、劳动力、资本、技术等要素市场化配置，打破要素流动壁垒，促进资源高效配置和合理流动。《关于完善产权保护制度依法保护产权的意见》明确，国企应加强产权保护，建立健全产权保护机制，确保产权明晰、权责明确。**促进市场公平竞争**。政策强调加强反垄断和反不正当竞争执法，维护市场公平竞争。《反垄断法》和《反不正当竞争法》明确要求，国企应遵守反垄断和反不正当竞争规定，杜绝垄断行为和不正当竞争行为，营造公平的市场竞争环境。

四是加快人工智能高水平应用。政策鼓励企业和科研机构围绕人工智能场景创新，提升人工智能场景创新能力，包括场景创新实践和深远海海上风电技术创新及示范应用。**推动 AI 技术研发与应用**。政策鼓励国企加大在 AI 技术研发方面的投入，推动 AI 技术在企业管理、生产运营、市场营销等方面的应用。国家《新一代人工智能发展规划》明确要求国企在总收入中提高 AI 技术研发经费的投入比例，力争达到行业领先水平。**建设智能制造体系**。推动国企建设智能制造体系，通过引入 AI 技术，提升生产过程的自动化、智能化水平。《智能制造发展规划（2016－2020 年）》和《智能制造工程实施指南》提出，国企应积极应用 AI 技术，实现生产过程的智能化控制、优化和决策。**推动智慧企业建设**。鼓励国企利用 AI 技术建设智慧企业，提升企业的管理水平和运营效率。智慧企业的建设包括智能化管理系统的应用、智能决策支持系统的开发和部署等。《关于推动企业上云上平台加快发展工业互联网的指导意见》指出，国企应积极应用 AI 技术，构建智能化管理平台，实现数据驱动的智能决策和高效管理。**促进 AI 技术在服务领域的应用**。支持国企在服务领域应用 AI 技术，提升服务质量和客户体验。《关于进一步促进服务业发展的若干意见》提出，国企应在金融、交通、医疗等服务领域广泛应用 AI 技术，实现智能化服务。通过 AI 技术的应用，国企可以提供个性化、精准化的服务，提高客户满意度和市场竞争力。**强化 AI技术应用的安全保障**。要求国企在推进 AI 技术应用的同时，注重技术应用的安全性和合规性。《国家网络安全法》和《数据安全法》明确提出，国企在应用 AI 技术时，应建立健全安全管理体系，保障数据安全和用户隐私，防范技术滥用和安全风险。

五是推动数字经济新引擎。政策支持基于新技术的"无人经济"，如智能工厂、智慧农业，以及自动驾驶等技术应用基础设施的发展，同时推动共享生产和数据要素共享流动，以创新生产要素供给方式。**加快数字基础设施建设**。政策鼓励国企加快数字基础设施的建设，包括 5G 网络、数据中心、物联网等。例如，《加快推进 5G 发展的通知》和《新型基础设施建设三年行动计划》明确要求国企在建设数字基础设施方面发挥主导作用。**推动数字技术创新**。大力支持国企在大数据、人工智能、区块链等数字技术领域的创新和应用。《关于加快推动区块链技术和产业创新发展的指导意见》和《国家新一代人工智能发展规划》提出，国企应积极进行数字技术研发，推动技术创新和产业化应用。**发展数字化服务**。鼓励国企在金融、医疗、交通、能源等领域发展数字化服务，提升服务质量和客户体验。《关于推动互联网+医疗健康发展的意见》和《智能交通发展战略》提出，国企应利用数字技术提供智能化、个性化的服务。**推动产业数字化转型**。推动国企通过数字化手段实现产业转型升级，提升产业链的整体竞争力。《关于深化"互联网+先进制造业"发展工业互联网的指导意见》和《智能制造发展规划》明确要求国企在各自行业内率先实现数字化转型。

　　六是探索新型盈利模式和市场运营机制。商业模式创新被视为增强企业发展后劲的有效途径，鼓励企业探索新的盈利模式和市场运营机制。**实施市场化运营机制**。鼓励国企推进市场化运营机制，通过优化内部管理和运营流程，提高企业的市场响应速度和灵活性。国企应建立健全现代企业制度，实行经理人市场化选聘和职业经理人制度，通过市场化手段配置资源，提升企业经营效率和盈利能力。**创新商业模式**。政策鼓励国企在传统业务基础上，创新商业模式，拓展新的业务领域和盈利渠道。《关于国有企业创新驱动发展的指导意见》提出，国企应积极探索"互联网+"模式，发展线上线下融合的新业态，拓展服务链条，提升服务附加值。

4.1.2　问题分析

　　一是创新不足。创新是企业发展的关键动力，对央企尤为重要。当前，央企在原创技术和核心技术研发上的投入与国际先进水平相比仍有较大差距。央企的研发体系常常被诟病效率低下，创新激励机制不足，研发成果转化为实际产能的能力有限[12]。

　　二是混合所有制改革面临新的挑战。在推进混合所有制改革过程中，央企

46

需要处理好国有资本控股和非公有制资本参与的关系，确保国有经济控制力与提高企业活力和效率之间的平衡。同时，如何确保改革不损害国家利益，防止国有资产流失，以及如何加强和改善公司治理结构，都是改革中的关键问题[13]。

三是经营效率有较大提升空间。尽管整体盈利能力在提升，但仍有央企面临经营效率低下的问题。部分企业存在的生产和运营效率低下、产能过剩严重等问题，反映了管理体制僵化、决策层响应市场变化缓慢的现象[14]。

四是绿色转型持续承压。随着全球气候变化问题的日益突出，以及中国承诺实现碳中和的目标，央企面临着转型压力。这要求央企加快从消费传统能源向使用清洁能源转变，这在短期内可能会增加运营成本和减少短期效益[15]。

五是需加快人才体制机制创新。央企在吸引和保留高端人才方面面临挑战，传统的人力资源管理和激励体系难以满足市场经济对人才的需求[16]。需要央企创新人才管理策略，培育鼓励创新和承担风险的企业文化[17]。

4.1.3　典型经验

一是重构可持续创新的商业模式，为利益相关方创造环境和社会效益。施耐德电气及其 EcoStruxure 平台开展核心商业模式转型，通过正面解决环境和社会需求，释放新的增长机会。施耐德电气与沃尔玛开展了一项开创性的合作，为沃尔玛在美国的供应链提供更多可再生能源。这一被称为"十亿吨购电协议"（GPPA）的倡议旨在引导沃尔玛的供应商购买可再生能源，并通过集体购买协议推动其采用。

二是以价值创造为导向，建立商业创新专门机构，探索多业务类型商业模式创新模式。国家电投在中央企业中率先建立商业模式创新中心，着力提升资本运作、产业研判、投资决策和风险管控等能力。推出"户用光储一体化平台""基于热网的三网融合""轻资产智慧配电服务""共享储能平台""氢能产用一体化""模块化供能"六项新型商业模式，对多个业务进行了商业模式的创新探索。

三是以科技创新为核心驱动力，推动企业商业模式创新，促进企业转型发展。中国宝武将自身定位于提供先进材料综合解决方案和生态圈服务的高科技企业，不断加强管理创新和商业模式创新，加快由制造向服务转型，以建设"产业生态圈"为抓手，秉持"没有竞争对手，只有合作伙伴"的理念，打造数智化时代新的商业模式。

4.1.4　相关建议

（1）强化科技创新驱动作用。

一是加大科技创新投入。央企应增加研发资金的投入，尤其是在关键技术和前沿科技领域鼓励原创技术和核心技术的研发。

二是加强国际合作。通过与国内外高校、科研机构及其他企业的合作，建立联合研发中心和创新实验室，促进知识和技术的交流与共享。通过海外并购、战略联盟等方式，积极参与全球产业链的重组。

三是鼓励内部创新文化。建立内部创新激励机制，如设置创新基金，对内部员工的创新项目给予资金和资源上的支持，鼓励员工积极参与到创新活动中。

四是进行人才体系创新。构建与市场经济相适应的人才培养和激励机制，吸引和保留关键领域的高端人才，为创新提供强有力的人才支持。引入更灵活的薪酬和晋升体系，激发员工的创造潜力和创新热情。

（2）建立商业模式创新专门机构和平台。

一是成立专门的创新机构。在企业内部成立商业模式创新办公室，负责新商业模式的研究、开发和实施。

二是建立跨行业合作平台。通过创建行业联盟或合作网络，与不同领域的领先企业共同探索商业模式创新，例如数字化转型、绿色可持续发展等。

三是利用科技发展新业务。比如通过大数据分析、人工智能等技术手段，开发新的产品服务模式，提高服务效率，创造新的收入来源。

（3）完善商业模式创新扶持政策。

一是制定专项支持政策。 政府部门制定扶持央企商业模式创新的具体政策，如税收优惠、资金支持、政策引导等。

二是建立风险共担机制。 对于那些涉及高风险的创新项目，可考虑政府与企业共担风险，提供必要的财政和政策支持，降低企业创新的门槛。

三是强化知识产权保护。 加强对创新成果的知识产权保护，确保企业能从其创新活动中获得合理的经济回报。

4.2 深化专业化整合

专业化整合是通过资产重组、股权合作、资产置换、无偿划转、战略联盟等方式，推动资源向优势企业和主业企业集中、提升企业竞争力和产业控制力带动力的过程。国有企业专业化整合是建设现代化产业体系、构建新发展格局的必然要求，是加快国有经济布局优化和结构调整的重要手段，是增强核心功能、提升核心竞争力的有效路径，对于做强做优做大国有资本和国有企业、加快建设世界一流企业具有重要意义。

4.2.1 政策分析

国企改革三年行动实施以来，专业化整合工作坚持"边部署、边探索、边实践、边总结、边提升"，政策动态调整、逐步完善、持续升级。政策呈现出以下八个趋势性要求，如图 4-1 所示。

一是坚持以企业为主体、以市场为导向，"一业一企、一企一业"的基本原则。 国资委 2022 年 7 月 12 日召开的中央企业深化专业化整合工作推进会要求，发挥主业企业、优势企业、链长企业的整合主体作用，以优势企业为主要平台和载体，通过多种方式聚合上下游各类资源要素，推动资源进一步集中，加快业务板块内和企业间资源有效整合。注重综合运用无偿划转、协议转让、合资新设、资产置换、交叉持股、联合开发等市场化方式方法推进整合，不搞"拉郎配"，推动企业从"要我整合"向"我要整合"转变。要以市场竞争力为标准，由占据竞争优势的企业主导整合同行业劣势企业。要在具备条件的中央企业有序推动"一业一企、一企一业"，加快形成专业化发展模式。

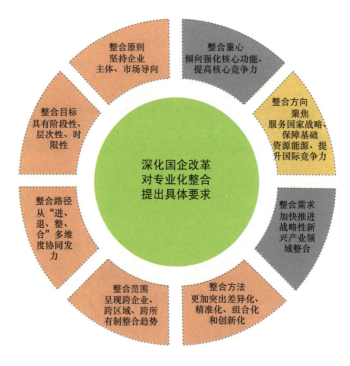

图 4-1　深化国企改革对专业化整合提出八方面具体要求

二是整合重心紧紧围绕强化国企核心功能、提升核心竞争力和发挥科技创新、产业控制、安全支撑作用。国资委在 2023 年 3 月举行的专业化整合集中签约会强调，要把专业化整合作为强化核心功能的重要路径，要以构筑核心竞争力为标准深化专业化整合，支持技术、人才、资金等各类资源向优势企业集聚，充分发挥央企在建设现代化产业体系、构建新发展格局中的科技创新、产业控制、安全支撑作用。2024 年 9 月，国资委召开中央企业专业化整合推进会提出，国资央企要深入学习贯彻党的二十届三中全会精神，围绕发挥"三个作用"，采取有力措施推动专业化整合走深走实，加快培育壮大新质生产力。**搭建高能级**

科创平台，注重通过并购等手段，在专业化整合中聚集创新资源，建立一批产学研相结合、以企业为主体的科研型发展单位，加快打造原创技术策源地，实现创新资源集聚、创新体系效能提升。**补强产业链短板**，围绕重点环节和关键要素开展专业化整合，促进产业链创新链深度融合，提升产业链供应链韧性和竞争力，加快打造现代产业链长企业。**增强安全支撑能力**，通过资本投入、兼并收购等方式深化专业化整合，进一步推动国有资本向重要行业关键领域集中，不断增强重要能源资源的支撑托底能力。

三是整合目标呈现出阶段性、层次性两个特征。主要表现在以下两个方面：**阶段性上**，要有序实现基础目标和高级目标。其中，基础目标强调坚持问题导向，着重解决同质化经营、同业无序竞争和重复投资的问题，推动整体运营效率走在行业前列。高级目标强化目标导向，推动整体资源配置效率明显提升，推动国有经济布局结构更加合理。**层次性上**，涵盖集团企业、子企业、业务三个层面。集团企业层面要打造一批世界一流企业、原创技术"策源地"和现代产业链"链长"；子企业或企业某一板块层面致力于打造一批"专精特新"企业和行业"隐形冠军"；业务层面要重点围绕"突出实业、聚焦主业、做精一业"的目标，做强做优业务板块和产业链；"双百企业""科改企业"等专项工程企业要在聚焦主业实业推进专业化整合上取得新的突破。

四是整合方向聚焦服务国家重大战略、保障基础资源能源、提升企业国际竞争力三大方向。**服务国家战略类**包括装备制造、工业母机、检验检测、集成电路、大数据、云计算、人工智能、物流、医药健康等重点领域。其中，装备制造、工业母机是制造强国建设重点领域；检验检测是高水平质量基础设施建设的关键，将助力质量强国建设；集成电路、大数据、云计算、人工智能等属于新一代信息技术，是建设网络强国和数字中国的关键力量；打造绿色高效的现代物流系统是建设交通强国的重要内容；医药健康事关国计民生，是健康中国建设的重要基础。**基础资源能源保障类**包括矿产资源、钢铁、煤电、清洁能源等重点领域，基础资源能源是国民经济的重要支撑保障，其充足、稳定、可持续供应与巩固经济发展大盘、维护国家安全密切相关。**提升企业国际竞争力类**包括医药健康、工程承包等重点领域。这两个行业领域企业数量众多，市场竞争激烈，产业集中度偏低，做强做优做大的紧迫性更强。其中，医药领域龙头国企与美国领先药企在营收规模、利润、研发投入等方面差距较大；我国国际工程承包商的海外市场集中在亚非拉地区，在美欧市场的竞争力仍然不高。

五是整合路径上要从"进、退、整、合"等多维度协同推进。2022 年 10 月，国务院国资委在中央企业专业化整合项目集中签约仪式上提出，今后一个时期，中央企业专业化整合工作的主要任务要重点围绕"突出实业、聚焦主业、做精一业"的目标，从"进、退、整、合"四个方面加大力度推进有关工作，"进"是加大国有资本投资力度，发挥国有资本引导带动作用；"退"是加大"两非""两资"和管理链条过长企业的处置力度，坚决退出"两资""两非"业务和资产；"整"是深入开展企业之间同一业务或同质业务的整合，有效避免同质化竞争、重复投资，通过固链、补链、强链、塑链，打造全产业链竞争优势；"合"是支持中央企业之间采取共建产业生态圈、构建行业云平台等多种方式开展战略合作，加大新技术、新产品、新市场合作开发力度。2023 年 10 月 19 日，国务院国资委组织召开中央企业深化专业化整合加快推进战略性新兴产业发展专题会，提出战新领域的整合工作要体现"四个聚焦"，即聚焦横向合并，增强战略性新兴产业规模实力；聚焦纵向联合，推动战略性新兴产业上下游协同发展；聚焦创新攻坚，打造战略性新兴产业关键引擎；聚焦内部协同，夯实战略性新兴产业发展根基。

六是整合需求上要求加快推进战略性新兴产业领域的整合。突出做强做优做大战略性新兴产业，支持具备条件的国有企业通过并购整合、分拆上市等方式，重点在新一代信息技术、人工智能、集成电路、工业母机等领域布局，实现 2023 年布局比重提高 2 个百分点以上的目标。2023 年 10 月 19 日，国务院国资委组织召开中央企业深化专业化整合加快推进战略性新兴产业发展专题会，要求各中央企业要主动谋划、积极作为，以专业化整合促进战略性新兴产业实现更好更快发展。2024 年 9 月，国务院国资委在中央企业专业化整合推进会上提出，要聚焦"9+6"重点领域，持续整合优质资源、获取核心要素，加快打造一批特色鲜明、优势突出、产业融合、市场竞争力强的产业集群。要瞄准关键领域和核心产品，创新整合方式方法，根据行业发展特点，精准把握战略方向和时机，用好并购手段，尽快实现实质性突破，打造战略性新兴产业发展第二增长极。

七是整合范围呈现出跨企业、跨区域、跨所有制整合的趋势[18]。逐步从央企内和央企间整合扩大到中央企业和地方国有企业协同，再延伸至国有资本与非公资本的合作。主要表现在以下三个方面：**旨在做强核心主业、打造优势企业的央企间整合提速加力**。数据显示，仅 2023 年第一季度，国资委组织了 5 次专业化整合项目签约仪式，央企间合作项目达 32 项。**以培育地方支柱产业为目标的央地合作有序推进**。2022 年央地合作项目达 138 个，2023 年央企与地方国企更加聚焦战略性新兴产业开展深度合作，通过发挥央地比较优势，进一步促进协同发展。**央企和非公资本的深度合作渐成趋势**。2022 年，中央企业外部资源整合项目达 177 个，促进互利共赢、共同发展。2024 年 9 月，国务院国资委在中央企业专业化整合推进会上提出，要立足国家所需、产业链供应链所困，整合上下游优势资源强基补短，打通产业链供应链的"卡点""堵点""断点"，引领带动上中下游企业协同发展，强化与国际优秀企业合资合作，增强两个市场两种资源联动效应，构建具有更强创新力、更加多元化、更安全可靠的供应链体系。

八是整合方式方法更加突出差异化、精准化、组合化和创新化，以更大范围、更深层次推动资源优化配置。要根据不同路径采取不同整合方式。针对企业内部资源整合，多采用无偿划转、吸收合并、新设合并方式；与地方国企的资源整合，可通过兼并重组、战略合作、交叉持股、无偿划转等方式开展；对前瞻性战略性新兴产业、高科技产业等领域的整合，积极采用并购方式；针对企业间同一或同质业务，可以通过共建产业生态圈、构建行业云平台等方式进行整合。**"因业制宜"针对性设立专门整合平台**。对于央企所属同质化业务和"两非""两资"的专业化处置，央企可以合作设立资产整合平台，充分发挥企业间比较优势和协同优势，加快提高整合成效；鼓励跨企业合作搭建共性平台，支持两类公司设立专业化平台，加大战略性新兴产业孵化力度。**组合采用股权方式和非股权方式**。工作推进会和《通知》均提出，通过无偿划转、协议转让、合资新设、资产置换、交叉持股、联合开发、共建产业生态圈等多种方式，实现国有资本在流动中优化布局、提升价值。**创新使用更多"非股权方式"**。在推动外部资源融合方面，要充分发挥央企的行业优势、要素优势和产业优势，综合运用标准、品牌、平台服务、商业模式、产业生态等多种非股权方式，推动产业链、创新链、供应链、数据链、资金链、服务链、人才链等全面整合，带动各类所有制企业协同发展。

4.2.2　问题分析

一是部分企业整合思路不清晰。由于对国有经济功能定位的宏观管理和监督考核体制仍在完善，部分国有企业追求短平快收益，忽视和偏离核心功能、战略定位。一些企业对功能定位和政策战略导向认识不清，急于进入业务关联性不强的产业领域，盲目跟风投资，造成项目烂尾、资源严重浪费。有的企业在缺乏相应的经验、技术、人才储备的情况下，以财务投资、施工建设等方式进入业务关联性不强的新兴产业领域，特别是扎堆涌进集成电路制造、新能源汽车等项目，盲目跟风投资，往往资本难以收回，导致因资金链断裂而叫停的烂尾项目频频出现。

二是部分企业整合基础不扎实。一些企业经营目标和主责主业不明确，追求高利润、高回报，忽视高风险，盲目进入新兴产业领域，造成企业经济利益受损。有的企业片面追求高利润、高回报，忽略自身企业主业优势，忽视高风险、盲目铺摊子，"大而全、小而全"的现象比较突出，使企业经济利益受损。有的国有企业在产业基础薄弱、缺乏资源优势的情况下盲目布局新产业。

三是国家战略支撑作用有待进一步增强。有的企业创新能力动力不足，创新投入产出效率不高，质量效益管理不优，核心竞争力和核心功能不突出，国有经济质量的有效提升还需加大力度。部分企业行业"卡脖子"问题依然突出，在关键基础零部件元器件、关键基础软件等方面还存在瓶颈。战略性新兴产业和现代服务业培育步伐仍需加快，战略性关键性领域的影响力、控制力、带动力还有待进一步提升。

4.2.3 典型经验

一是聚合同类或同质业务和环节。突出主责主业，清晰划分业务板块，推进企业内部资源深度整合融合；以优势子企业或业务平台为载体，广泛吸收外部同类业务资源，或推动不同企业同一环节的集中管理，着力推动横向整合，不断增强企业核心竞争力。**中国宝武**在稳步推动与马钢集团、太钢集团、新钢集团、中钢集团等重组过程中，通过设置若干定位清晰、界限分明、业务聚焦的品种化平台公司，对集团范围内同类业务单元实行业务、资产、人员、管理等全方位整合，有效提高了企业生产效率和盈利水平，促进了整个钢铁行业的转型升级和高质量发展。**中国移动**整合电商、支付与金融业务，成立中移金科，打造拓展金融科技领域新业务市场的专业力量；整合在线服务中心与集中运营中心，成立在线营销服务中心，加强线上渠道、触点统一管理，实现在线服务与营销的深度融合。**招商局集团**集中长航集团、中国外运等全集团优势资源，组建长江航运物流业务专业化平台。整合完成后，招商局在长江全域掌控干散货和集装箱船舶总数达 500 艘，年承运干散货量超 1.3 亿 t、位列市场第一，年承运集装箱货量超 130 万 TEU、成为长江最大公共内支线承运人，加快推动打造长江黄金水道高效、绿色物流生态圈。**通用技术集团**持续加强内部产业整合，改组组建了机床装备、资本、高新材料、贸易、工程服务 5 个产业子集团，对同类业务实施一体化集约化专业化运营管控，企业核心竞争力和服务国家战略的能力不断提升。

二是串联强关联性业务或产业链上下游业务。以优势业务为主体，通过建链、延链、补链、强链等方式，推动产业链上下游业务的纵向整合，打造自主可控、安全可靠的产业链，形成全产业链竞争优势。**中国建材**以上市公司中材国际为主体对工程技术服务板块进行整合，通过发行股份和支付现金将另外 2 家水泥工程公司合并；根据产业链上下游协同原则，将采矿工程服务公司也装入中材国际，大幅提升采矿工程企业的市场空间，实现了"1+1＞2"的整合效果。**国药集团**通过投资并购太极集团、九强生物等骨干企业，补齐了品牌中成药的技术短板，一跃成为中国最主要的麻醉精神药品研发制造企业；通过持续收购优质社会零售药房，推动医药零售网络覆盖 30 个省（区、市）近 300 个地级市，药房数量超过 13000 家，营销网络布局持续优化。**兵器装备集团**实施"整零协同"战略，充分发挥长安汽车整车带动效应，在动力传动领域，推进东安动力和东安汽发重组整合，打造销量百万台、收入百亿元的商用车、中高端乘用车汽车动力总成企业；在车用电机领域，推动华川电装和重庆虎溪重组整合，打造国内领先的科技先导型电机企业。**中国化学工程**所属东华科技公司联合可降解材料产业链相关企业，开展聚乳酸生产关键核心技术攻关，投资改造建设完整的千吨级聚乳酸中试装置，突破"卡脖子"丙交酯生产技术，产出性能指标优异的聚乳酸产品，形成双方共有自主知识产权的"两步法"聚乳酸生产工艺，将推动聚乳酸行业高质量发展。

三是整合同一区域内业务或职能。以成立省或地区实体方式推进所属企业实施整合，进一步理顺管理、业务关系，解决区域管理资源、市场渠道相对分散、"集团化"作战能力不强等问题，发挥企业在一体化服务国家区域战略和地方经济社会发展中的主力军作用。**国家能源集团**按照"一个区域、一个管理主体"的原则，建立区域营销公司，优化内部电厂发电结构，统筹区域统一营销；整合区域检修资源力量，组建独立自主、专业可控的检修运维队伍。整合后形成 1 家常规能源整合平台、1 家煤电一体专业化管理公司、23 家省公司的管理格局，更深层次实现煤电产业链上下游一体化。**中国稀土**稳步推进持续深化组织架构、业务管控模式专业化改革，以管控高效化、区域集约化、产业专业化、资源协同化、文化融合化为目标，实施内部区域化专业化整合改革，建成"19411"管控布局，管理层级由 5 级压降至 3 级，实现企业发展更为专业、区域布局更成体系、内部资源更加集聚、协同效应更大发挥。**华侨城集团**坚持开发与运营分离，剥离各事业部的非地产开发类产品的运营职能，让其更聚焦房地产开发、建设和销售业务，并在 2022 年全面完成城市公司组建，将原来分散在各个公司及事业部的 71 个房地产项目，分配到新组建的 22 家城市公司集中管理，充分释放产品条线运作效率与管理效能。

四是融合多要素升级多链条。坚持链式思维、集群思维，通过推动建立创新联合体、产业技术创新联盟、产业生态圈等多种方式，加大内外各类资源整合联合，推进产业链创新链融合，提高产业链供应链韧性，向产业链价值链高端延伸，推动产业集群化发展，实现更大范围、更高层面的资源优化配置。**中国石化**聚焦打造创新高地，牵头与 7 家央企组建碳纤维及其复合材料创新联合体，20 多家高校、科研院所和民营企业参与攻关，2022 年 10 月国内首套 48K 大丝束碳纤维全国产化生产线在上海石化投产，打破西方垄断。**国家电网**新能源云以数字驱动构建了服务全电源和储能业务的新能源数字经济平台，设计开发了电网服务、电价补贴、消纳计算、碳中和支撑服务等 15 个子平台，搭建了聚合政府、设备厂商、新能源企业、电网企业、用能企业、用户的生态圈。目前，新能源云已接入新能源场站 300 万余座，装机容量达 5.7 亿 kW，入驻企业 1.3 万余家，成为全球规模最大的能源数字基础设施。**中国联通**全面升级"双联盟+双实验室"的生态载体，集聚 3500 多家成员单位，构建起数字技术与制造行业双向奔赴的创新格局，携手浙大中控、上海博奥、和乐实力等生态伙伴，联合孵化工业模组，打造了自主可控的产业生态。全面开放数智物模型能力，助力开发者及生态伙伴快速定制行业应用，目前连接设备已经超过 800 万个，汇聚超过 11 万家第三方开发者，沉淀工业模型 12000 多个，服务企业超过 17 万家。

4.2.4 相关建议

一是优选整合主体，提升专业化整合质效。积极适应在更大范围、更宽领域、更高水平开展专业化整合的新要求，充分发挥"一地、一链、一流"企业群（原创技术策源地企业、现代产业链链长企业、世界一流企业）的政策优势、平台功能和主导作用，围绕重点环节和关键要素，以更大力度推出更多专业化整合项目，促进产业链创新链深度融合，提升产业链供应链韧性和竞争力，进一步提升国有企业资源配置能力和水平[19]。

二是坚持市场导向，注重以市场化方式方法推进整合。以尊重市场规律为前提，发挥市场在资源配置中的决定性作用，不搞"拉郎配"，以市场竞争力为标准，支持所属企业中占据行业竞争优势的企业主导整合同行业劣势企业，推动企业从"要我整合"向"我要整合"转变。综合采用无偿划转、协议转让、合资新设、资产置换、交叉持股等手段，持续提高专业化整合效果效率。充分发挥上市公司在专业化整合中的作用，培育和推动更多符合条件的企业上市融资、增资扩股，推动优质资产向上市公司集中，提高业务整合能力。

三是强化风险管理，稳妥深化专业化整合。加强专业化整合前的风险识别控制，严格控制业务界面切割、资产划转、融资等涉及的金融风险。及时适应整合后新的管控模式和运行机制，认真梳理相关业务规章和流程，不留管理"死角""盲区"。加强整合融合，建立健全风险防控及退出机制，有效防控因经营理念、企业文化、人员调整、管理方式差异引发的风险。

4.3 构建新型经营责任制

全面构建中国特色现代企业制度下的新型经营责任制是国企改革深化提升行动的重要内容，有助于提高国有企业的运营效率和竞争能力，是健全市场化经营机制、实现国有企业治理体系和治理能力现代化的关键举措。

4.3.1　政策分析

一是国企改革"1+N"政策体系提出逐步推行经理层成员任期制和契约化管理。2015 年 8 月，中共中央、国务院印发《中共中央、国务院关于深化国有企业改革的指导意见》提出，要"推行企业经理层成员任期制和契约化管理，明确责任、权利、义务，严格任期管理和目标考核"。同年 9 月，国务院印发了《关于国有企业发展混合所有制经济的意见》，提出"职业经理人实行任期制和契约化管理，按照市场化原则决定薪酬，可以采取多种方式探索中长期激励机制"，明确了要在混合所有制企业率先推进任期制和契约化管理的改革方向。2017 年 5 月，国务院在《关于进一步完善国有企业法人治理结构的指导意见》中进一步提出，"国有独资公司经理层逐步实行任期制和契约化管理"。任期制和契约化管理的实行范围在政策层面开始向国有独资公司拓展，包括混合所有制企业和国有独资公司在内的全部国有企业均将逐步实行任期制和契约化管理。

二是国企改革三年行动方案要求全面推进经理层成员任期制和契约化管理。2019 年 6 月，国资委下发《关于支持鼓励"双百企业"进一步加大改革创新力度有关事项的通知》，经理层成员任期制和契约化管理开始在"双百企业"全面推展开来。2019 年 12 月，《百户科技型企业深化市场化改革提升自主创新能力专项行动方案》要求科改示范企业要全面进行经理层成员任期制和契约化管理改革。国企改革三年行动方案明确要求国有企业子企业经理层成员全面实行任期管理，签订聘任协议和业绩合同，按照约定严格考核、实施聘任或解聘、兑现薪酬，任期制和契约化成为国有企业改革的必选动作，进入全面推行阶段。

三是"双百""科改"文件系统界定任期制和契约化管理的概念、原则和操作要求。2020 年 2 月，国资委印发《"双百企业"推行经理层成员任期制和契约化管理操作指引》和有关问题的解答文件，说明了任期制和契约化管理的基本概念、范围、操作流程和要点等内容。2021 年 3 月，国务院国有企业改革领导小组办公室印发《关于加大力度推行经理层成员任期制和契约化管理有关事项的通知》，针对实践中出现的签约主体不明确、目标设定不科学、考核结果在薪酬挂钩和岗位调整方面应用不刚性等问题提出了具体要求，并督促各中央企业和各地国资监管机构加大督查督办和考核评估力度。2022 年 5 月，国资委印发《经理层成员任期制和契约化管理契约文本操作要点》，进一步明确和规范了有关契约文本的基本要求。

四是国企改革深化提升行动方案提出全面构建新型经营责任制。2023 年 2 月，国务院国资委提出，国资央企将以新一轮国企改革深化提升行动为契机，建立新型经营责任制，使企业决策、治理、管理与市场经济更加契合。国务院国资委党委在人民论坛发表署名文章《国企改革三年行动的经验总结与未来展望》提出要"构建中国特色现代企业制度下的新型经营责任制"。2023 年 10 月，国务院国资委党委在《求是》发表署名文章，提出要健全中国特色现代企业制度，更广更深落实三项制度改革，全面构建中国特色现代企业制度下的新型经营责任制，激发各级干部员工干事创业的积极性、主动性和创造性。

4.3.2 问题分析

当前，中国特色现代企业制度下的经理层成员任期制和契约化管理改革工作已经取得了积极进展，但是对标完善中国特色现代企业制度、真正按市场化运营、全面构建新型经营责任制的要求，还有一定差距，改革效果还有提升空间。主要问题集中在四个方面：

一是契约签订质量不高。有的企业经理层成员岗位聘任协议缺少关键内容或内容不符合政策要求，未能保障经理层依法行权履职。有的企业契约目标设置不科学，经营业绩责任书中考核指标大而化之、针对性不强甚至趋同，经理层成员的契约目标科学性、挑战性不足或者盲目"求高"。缺乏岗位分析过程，同一企业副职之间的岗位职责差异化程度不高，且成员间指标差异化不足。部分企业缺少"退出"条款或者"退出"条款不明确、不刚性以及豁免条款过多。

二是绩效考核体系还需要进一步优化和完善。很多企业董事会与经理层之间签订的岗位聘任协议和经营业绩责任书关键指标与企业发展战略目标结合不紧密，部分企业未经历史对标、行业对标、战略匹配、经营预算匹配等科学测算。部分企业业绩考核目标设置的科学性和挑战性还不够，评价指标和流程体系还不健全。大多数国有企业基本年薪和绩效年薪已经有比较成熟的结构，但是对于任期激励的探索相对较少，在企业经理层成员的精准激励方面还不完备。这些综合在一起，造成了经理层人员在岗位上能上不能下、能进不能出，在工作上干好干坏一个样、干多干少一个样等问题。

三是未能有效落实董事会对经理层的管理权。国企改革三年行动方案在完善中国特色现代企业制度建设部分对加强董事会建设、落实董事会职权和保障经理层依法履职提出了明确的要求。一方面，当前国有企业领导人员包括经理层成员基本上由上级党委任命或推荐提名，董事会对总经理的选聘权还未真正落实；另一方面，经理层成员大多直接由上级组织选拔推荐并由董事会聘任，处于经营管理一线的总经理在选配经营团队的过程中缺少发言权，总经理推荐副总经理等经营团队组成人员的职权未得到有效落实，制约了经理层任期制和契约化管理作用的发挥[20]。

四是综合考核与经营业绩考核的双重评价体系还需有机协调。综合考核评价与经营业绩考核这两套并行的干部考评体系，在目标、应用场景等有较大差异。任期制和契约化管理是要解决经理层成员"能下"的业绩问题，而经理层的选拔和任用的依据仍然是综合考核评价结果[21]，有些企业在两者的方案制定、评价结果贯通应用方面还不能做到有效衔接、相互配合，不能真正体现经营绩效评估在领导综合考核评估中的重要性，刚性考核、刚性落实还不够，影响了任期制和契约化管理和职业经理人制度建设的实施效果。

4.3.3　典型经验

一是坚持战略导向，将战略要求纳入各层级企业业绩考核指标体系。**中国宝武**突出战略导向，全面承接国务院国资委关于价值创造、科技创新、战新产业和未来产业发展等方面的考核要求，将公司战略目标分解到子公司战略规划和三年任期目标之中，确保上下贯通、有效衔接。**南方电网**所属深圳供电局紧紧围绕战略目标，从经营效益、内部运营、客户服务、企业成长 4 个维度制定指标任务和指标库，依托层层建立的经营责任"分解、落实、评价、应用"体系，将战略规划逐层逐级贯穿到底。

　　二是突出价值创造，持续健全业绩考核体系。首先，完善业绩考核指标。**中国宝武**经营业绩评价方面突出价值创造导向，聚焦产品经营能力和股东回报能力两个维度，除战略性新兴产业，原则上不再考核子公司营收规模类指标。梳理形成覆盖 33 家子公司、包含 629 项指标/任务，形成全新的"三强三优一大"指标和任务库。**中国建筑**对标市场化，通过建立中长期发展、价值创造和风险控制指标库，将效益效率类、经营管理类、创新发展、风险防控等指标纳入子企业经理层成员任期考核范围。**南方电网**根据不同企业的功能定位和发展阶段，差异化设置考核指标和权重。譬如，供电服务类企业经理层重点围绕现代供电服务体系建设、安全生产运维管控方面设定考核指标；市场竞争类企业经理层则以净资产收益率等可以评估其市场竞争力和盈利能力的指标为考核重点。**其次，提高业绩考核力度。****中国建筑**将归属母公司净利润和实际利润作为子企业负责人部分薪酬考核指标来衡量，权重达 80%以上。**中国化学**规定考核等级强制分布比例，2023 年，集团公司总部及二、三级企业分季度、年度绩效考核等级为 A 的不超过 25%，考核等级为 C 以下的不低于 10%。**南方电网**科学设置"基本值、满分值、挑战值"作为经营业绩的三个档次目标值，以历史经营业绩、行业标杆、发展规划为基准，确保个人业绩目标与企业发展目标相互衔接。所属深圳供电局建立考核结果强制比例分布机制，让优秀比例与组织绩效考核结果同升降。**此外，优化业绩考核评价方法。****中国宝武**坚持"指标可比、目标可及、结果可算"导向，构建算法简约、规则透明的绩效评价框架体系，牵引中国宝武从"老大"变"强大"。**中国化学**实施 360 度全视角业绩考核，综合上级、同级、下级及其他业务相关方全视角评价意见，合理确定不同评价主体评价权重，量化考核标准，根据考核得分确定排名和等级。

三是坚持责权利统一，加快向董事会和经理层授权。南方电网通过提前明确经理层权责边界，减少制定董事会授权管理制度阻碍，科学合理明确各级董事会对经理层的授权决策内容，充分保障经理层经营自主权。其所属深圳供电局注重赋予各级管理人员足够的选人用人和薪酬分配自主权，通过打造内部人才市场、实施工资总额下放、创新设置薪酬自主分配离散度指标等强化支撑，激发其主观能动性。**中国化学**强化上级党委向下级董事会、同级董事会向经理层"两个授权"。向下级董事会授予对经理层及经理层成员的业绩考核权、薪酬分配权和一定额度内的投资决策权；对实施任期制和契约化管理的企业授予董事会对包括总经理在内的经理层成员的任免建议权。对二三级企业经理层，构建"灵活授权、定期报告、动态调整"的授权管理体系，适度保障经理层自主权，推进责权利高效统一。

四是突出强关联、强牵引，持续强化薪酬激励机制。中国建筑以任期目标分类分级法加强企业目标业绩牵引力，按照难度系数与相应的激励成正比原则，将难度系数分为"底线""基本""奋斗"三档来不断激发经理层领导班子和员工的干事动力，其中高难度系数"奋斗"目标的激励是"底线"目标的三倍，未完成"底线"目标则无激励。**南方电网**所属深圳供电局建立业绩考核结果"两个刚性、一个关联"机制，即刚性兑现薪酬、刚性兑现退出、与职业发展相关联，真正实现干多干少不一样。**中国化学**通过"三个不低于"原则鼓励子企业确定富有挑战性的目标，子企业的发展目标不得低于上一年度或前三年平均水平、"十四五"规划目标以及市场对标的平均水平。

五是强化经理层成员刚性退出。南方电网在"制度有支撑、契约有保障、经理层认可"的前提下，以"军令状"标准明确经理层成员退出的条件。例如，任期经营业绩考核结果为不合格或者违规经营投资造成国有资产损失负有责任的经理层成员，应被要求解聘，此外，如果经理层成员的任期已满却未能续聘，也应被视为退出的依据。通过明确的退出条件来强化岗位经营者的责任，确保经理层成员的绩效和责任对齐，从而提高企业的整体运营效率和绩效。**中国建筑**重点优化二三级企业领导班子成员考核强制排序，通过明确经理层退出的六种情形设立退出"底线"，在考核方面强化"双达标"退出机制，绩效考核为不称职则退出，连续两年考核排名靠后或基本称职的退出。**中国化学**实施绩效考核成果刚性运用，2019－2023 年，全集团二三级企业 23 名职业经理人因试用期考核不合格或业绩考核不合格被解除职务。

4.3.4　相关建议

一是建立战略导向的经营绩效指标体系。坚持长期导向、价值导向，做好战略规划，建立健全涵盖政治、经济、社会责任三方面的考核指标，动态建立年度和任期业绩指标库，既要有企业短期效益指标，更要有企业运行质量、科技创新、合规管理等中长期指标。要"一企一策"明确指标，设置共担指标和分管个性化指标，考核指标因人而异，实现"一人一表"，做到差异化、精准化。指标设定坚持定量与定性相结合，以定量评价为主，定性评价为辅。更加注重指标的科学性、挑战性，参考历史年度的平均水平、规划目标、市场水平等因素，按照"跳一跳，够得着"原则设置目标值，积极鼓励"摸高"。考核目标一经确定，无特殊情况不作调整，并根据考核结果该奖就奖、该罚就罚、该退出就退出，持续构建强激励、硬约束的薪酬分配机制。

二是赋予总经理经理层成员选聘相关权力。党委会和董事会应确保经理层成员依法行使权力，建立总经理权责清单以明确双方的权责边界，分类制定授权清单，做到授权充分且适度，给予经理层成员执行合同所必需的发挥空间和执行权力。在行业市场化程度较高、公司治理能力强的企业，积极探索在对经理层副职的推荐考察过程中，充分吸收总经理的意见，依法落实总经理对经理层副职和财务负责人的提名权和建议权，由总经理综合考虑和权衡，设计确定具体的团队构成设想和人选组合方案供党组织和董事会参考抉择，在此基础上，进一步明确经理层落实提名建议、考核评价的行权方式和流程，细化实化经理层成员履责措施。

三是综合运用综合考核与经营业绩考核两套评价体系。坚持党管干部的基本原则不动摇，进一步推动党管干部制度与任期制契约化管理、职业经理人制度的融合贯通，对经理层成员要实行经营业绩考核与综合考核"双达标"机制，既要完成好经营业绩考核的目标，也要达到综合考核的要求。依据考核侧重点的不同，在具体的操作过程中，两套考核评价体系的权重设置可依据行业类型、市场结构、经营状况、国有股权占比等情况的不同进行修改完善，形成更为成熟定型的实施办法[22]。

四是建立健全刚性兑现制度。进一步落实董事会对经理层成员业绩考核权和薪酬管理权，强化薪酬激励与业绩考核结果、岗位责任贡献挂钩机制，支持董事会根据考核结果对经理层成员兑现薪酬。严格执行考核兑现制度，不断探索建立适应经理层特点的激励机制和薪酬管理，提升企业管理水平和推动业绩增长。在薪酬兑现方式上，要加大股权激励等中长期激励"工具箱"的应用广度深度[23]。对于市场化经营项目中风险较高的情况，建立跟投机制、风险抵押机制等，以减少经理层的短期行为，并匹配相应的追索和扣回方法，更好地引导经理层成员专注于企业长期发展。

（本章撰写人：张华磊、张新圣　审核人：王雪松、常燕、买亚宗、

徐兰君、程嘉许）

参 考 文 献

［1］王军，陈劲，刘沐洋. 原创技术策源地的概念、特征与国有企业的实现路径研究［J］. 创新科技，2023，23（11）：1-11.

［2］黄涛，刘淑靓. 原创技术策源地的央企担当［J］. 中国人才，2022，（4）：9-11.

［3］李哲. 面向国家战略需求的关键核心技术攻关组织模式研究［J］. 人民论坛·学术前沿，2023，（1）：12-22.

［4］王小林，金冉. 未来产业：政策扩散与路径选择［J］. 社会科学战线，2024，（5）：63-75+294.

［5］王鹏，朱彦旭. 新质生产力视域下的未来产业：理论逻辑与发展思路［J］. 特区实践与理论，2024，（2）：13-19.

［6］中国社会科学院工业经济研究所课题组. 我国发展未来产业的优势［J］. 中国发展观察，2024，（4）：123-126.

［7］宋葛龙. 加快培育和形成新质生产力的主要方向与制度保障［J］. 人民论坛·学术前沿，2024，（3）：32-38.

［8］中国社会科学院工业经济研究所课题组. 世界主要经济体未来产业的战略布局［J］. 新经济导刊，2023，（2）：73-86.

［9］王海龙. 新质生产力与绿色低碳发展的协同效应［J］. 财经界，2024，（18）：21-23.

［10］陈明华，谢琳霄. 新时代绿色低碳发展：实践逻辑、现实挑战与路径探赜［J］. 马克思主义与现实，2024，（3）：110-117.

［11］刘芳，杨燕，付楷. 低碳背景下企业经济管理的创新发展探讨［J］. 时代经贸，2024，21（6）：123-125.

［12］沈凤琴. 国企与民企创新机制和效率比较与改进研究［J］. 中国产经，2020，（22）：35-36.

［13］赵璨，宿莉莎，曹伟．混合所有制改革：治理效应还是资源效应？——基于不同产权
性质下企业投资效率的研究［J］．上海财经大学学报，2021，23（1）：75-90．

［14］张旦．围绕国企改革深化提升着力改善企业经营效率［J］．企业研究，2024，（3）：
10-15．

［15］王艺璇．ESG 理念下传统煤炭企业的绿色转型及效果分析［D］．河南财经政法大学，
2023．

［16］石书德．国企科技人员创新活力不足的原因探析［J］．中国人才，2018，（10）：36-37．

［17］杨锐．新时代国企干部人才管理创新的探索与实践［J］．中外企业文化，2023，（2）：
226-228．

［18］李锦．国企重组围绕主业整合的趋势、形式与任务［J］．现代国企研究，2022，（7）：
64-69．

［19］朱旭．企业边界视角下国有企业专业化整合研究［J］．铁路采购与物流，2022，17
（4）：27-31．

［20］陈建国．国有企业经理层成员任期制和契约化管理的思考［J］．国有资产管理，2021
（11）：15-18．

［21］李鹏程．关于经理层成员任期制和契约化管理问题的思考和建议［J］．国资报告，
2021（4）：102-104．

［22］武鹏．国有企业任期制契约化管理改革的推进历程与完善建议［J］．理论学刊，2022
（6）：150-158．

［23］黄颖，杨俊芳，王美玲，等．国企推进经理层任期制和契约化管理的内在逻辑及对策
建议［J］．企业改革与管理，2023（19）：16-18．

致　　谢

　　本报告在编写过程中，我们坚持问题导向与目标导向相结合，向国企改革领域专家请教。各位专家对本报告给予了大力支持，对本报告的框架结构、内容观点提出了大量宝贵建议，对部分基础数据审核把关，帮助提高了报告质量和水平。在此，编写组对各位专家的辛勤付出和智力支持表示诚挚感谢。